powermatrix Sàrl, Serge Reymond, Geneviève Bauhofer

Conception: Marc Reymond

Janvier 2021

À TOI LE POUVOIR POUR DE VRAI

Serge Reymond & Geneviève Bauhofer

Pourquoi nous avons écrit ce traité?

Serge

A mon entrée dans le monde du travail j'étais totalement démuni pour décrypter la dynamique du pouvoir:

- Pourquoi une personne qui a de l'ascendant sur tout un groupe n'en a aucun sur un autre?

- Pourquoi l'arrivée ou le départ d'un individu bouleverse la répartition du pouvoir? L'appel d'air et la redistribution des cartes lorsque le leader s'en va.

- Quelles sont les actions les plus efficaces pour gagner du pouvoir? Et pourquoi des actions de bons sens ne fonctionnent pas ou pire vont à l'encontre de ce que je vise?

Je voulais absolument comprendre puis maîtriser la dynamique du pouvoir. J'ai longtemps et vainement cherché dans la littérature sans rien trouver d'utilisable pratiquement. Finalement j'ai mis au point un modèle qui m'a permis d'agir avec certitude et efficacité pour atteindre mes objectifs professionnels. J'ai validé le modèle en observant comment le pouvoir était exercé et aussi en l'exerçant moi-même.

L'obtention du pouvoir n'a rien de magique, ce n'est qu'une question de technique. Je vais te l'expliquer et surtout t'apprendre à l'utiliser très concrètement pour que tu puisses augmenter ton pouvoir au sein du groupe auquel tu appartiens et neutraliser ou éliminer les influences qui te freinent ou te bloquent. Et ainsi tu pourras vivre mieux dans le monde professionnel, t'accomplir pleinement et réaliser des choses exceptionnelles.

Geneviève

A mon entrée dans le monde du travail j'étais pleine d'illusions quant au monde du travail. Non seulement j'étais une femme, mais j'avais à 21 ans déjà, fait mes humanités et obtenu une licence en sciences économiques. J'avais plein d'ambitions et d'idéal sur ce qu'il serait possible de faire. J'ai rapidement déchanté. Pour avancer, je me suis demandée...

- Pourquoi le fait de disposer des compétences idéales ou des certificats ou diplômes ne suffit pas à grimper dans la hiérarchie?

- Peut-on avancer sans être dans les «bons» réseaux? Et si on est une femme, qu'est-ce qu'un bon réseau pour avancer?

- Comment éviter que son statut quant à ses relations amoureuses influence négativement sa carrière?

- Quelles sont les actions les plus efficaces pour avancer dans sa carrière professionnelle?

Je voulais avancer, j'ai cherché, beaucoup lu, suivi d'autres cours. J'ai regardé comment faisaient les autres. J'ai finalement compris, que personne n'avait pris le temps de venir en aide aux gens compétents, rapides et qui veulent aller de l'avant pour eux-mêmes et en réponse à un idéal.

Il y avait un vide sidéral, qui se résumait à «y à qu'a» et si tu n'y arrives pas, c'est que tu n'es pas si compétente! Il s'est agi ainsi tout au long de ma carrière de bousculer l'ordre établi, en affirmant «et si?» «et pourquoi pas..?» et de créer ou participer à des initiatives visant à la transformation. Mais il y a aujourd'hui un autre moyen. Oui, l'obtention du pouvoir n'a rien de magique: ce n'est qu'une question de clarification de tes buts réels et de stratégie. Je vais te l'expliquer dans ce traité. Tu verras, c'est du «fun» aussi.

Avertissement

- Si tu as peur d'avoir peur du pouvoir
- Si tu penses que l'ambition est une affaire de mecs arrivistes et égoïstes
- Si tu considères le pouvoir comme un gros mot
- Si tu estimes que vouloir le pouvoir, c'est toujours pour de mauvaises raisons
- Si tu adhères à l'escroquerie intellectuelle de la méritocratie
- Si tu n'as pas trouvé le moyen de satisfaire tes ambitions
- Si tu acceptes que le pouvoir ne s'acquiert qu'après un certain nombre d'années de «bons et loyaux services»
- Si tu trouves qu'il est machiavélique d'échafauder des plans pour battre tes concurrents dans l'arène du pouvoir
- Alors, un conseil, referme ce livre maintenant.

Invitation

- Si tu crois que la vie est une aventure audacieuse
- Si tu penses qu'il est possible d'être aux commandes bien avant d'avoir 40 ans
- Si tu veux te créer une belle vie
- Si tu es convaincu qu'il t'appartient – oui, à toi – de déterminer le jeu, ses enjeux et les moyens d'y arriver
- Si tu as un projet à coeur, si tu veux faire aboutir ton initiative
- Si tu vises "le ciel"
- Si tu veux carrière et famille et plus encore…
- Si accessoirement, tu penses que l'entreprise ne peut réussir que grâce à des personnes engagées et ambitieuses comme toi
- Si tu es convaincu que chacun peut se créer son chemin pour exceller et s'affirmer – même dans une entreprise
- Alors dépêche-toi d'ouvrir ce livre … et crée ta propre stratégie de pouvoir et de réussite!

Nota bene

Par simplification et en usage de la grammaire française, où la pluralité s'exprime au masculin, nous avons décidé de ne pas utiliser l'écriture inclusive. En outre cette dernière se réduit à différencier seulement le fait d'être homme ou femme et ne prend pas en compte toute la diversité reconnue actuellement.

Mais évidemment nos conseils s'adressent avant tout à toi qui as ce livre entre tes mains.

Comment tirer profit de ce traité?

Tout d'abord il importe que tu définisses ton objectif et ce que tu en attends. Cela paraît évident, mais tu seras étonné de constater que beaucoup d'entreprises peinent à préciser leurs objectifs face à leurs collaborateurs. Ils se privent ainsi de la motivation interne de ces derniers à s'engager et à innover. Par analogie. Si tu n'as pas décidé de ton lieu de vacances, comment identifier les moyens de transport les plus appropriés, les plus rapides et les plus économiques? Dans la première partie, prends donc le temps de réfléchir à ton objectif et d'identifier ta cible. Nous allons te présenter Jessica et ses interrogations. Cela te permettra aussi d'affiner les tiennes.

Dans la deuxième section, nous nous penchons sur ton système de référence. Est-il cohérent ou non avec celui du groupe dans lequel tu veux t'imposer? Selon ton estimation, tu vas identifier les actions qui vont consolider ta position dans le groupe. Nous traitons ici des sources d'influence et de leur activation.

Tu vas dans la troisième partie du traité t'exercer à affiner tes estimations quant au positionnement relatif de ta cible et de toi-même dans l'échiquier des relations de pouvoir. Nous t'illustrons pas moins de 8 stratégies pour arriver à tes fins. Là encore davantage, tu utiliseras le jeu de matrices et de tableaux pour t'aider à établir ta conquête du pouvoir.

Pour accompagner ton voyage, nous avons imaginé un cas pratique, qui reflète bien les situations que nous avons rencontrées ou vécues. Le cas met en scène Jessica, son patron et ses collègues. Le héros aurait pu être un homme. Ce n'est pas important. Ce qui nous importe c'est que tu puisses te représenter les situations et étapes et les transposer à ta situation personnelle.

Au final grâce aux options que tu as choisies, tu auras dessiné une feuille de route, personnalisée, adaptée à ta situation et à mettre en oeuvre bien sûr. Sans action, tu auras gâché toutes tes cartouches. C'est la quatrième étape. Suis les étapes décrites. Cela marche!

Mais tout de suite, débroussaillons quelques unes de tes certitudes.

 Tout au long du processus inscris dans la grille d'analyse n°32, que tu trouves en annexe, les sujets, idées ou actions qui te semblent importants à creuser, suivre ou mettre en œuvre.

Préliminaires:

Débroussaillage des idées reçues

1. Oublie la promotion automatique! Tu as un MBA, et alors?

Tu as investi beaucoup d'argent, de temps et d'énergie dans un MBA. Bravo! Tu en as tiré de nombreux bénéfices: de meilleures connaissances, compétences et une crédibilité. Tu t'es constitué un réseau et a découvert de nouveaux domaines d'intérêt. Tu as fait le plein en confiance en toi, tu as apprécié de côtoyer d'autres personnes bien éduquées. Tu te sens prêt à saisir ces possibilités de carrière auxquelles tu as rêvé. Attention: Tu as accompli le premier pas seulement.

Le MBA est juste la base. Maintenant, toi, que veux-tu en faire? As-tu clarifié ton but et visualisé ce qu'est le top ou le pouvoir pour toi? Ton succès en dépend. Tu ne dois jamais oublier qu'un MBA à lui seul ne garantit pas automatiquement un saut de rémunération et de niveau de responsabilité. Ce n'est pas un sésame magique pour être parachuté au sein de la direction d'une entreprise. En outre, il y a beaucoup de personnes sans MBA qui occupent de bien meilleurs postes que toi.

Regarde aussi la pléthore de personnes qui ont fait un MBA et qui stagnent. Qu'est-ce qui leur manque? Sûrement la méthode dont nous t'expliquons les étapes dans ce livre sur le pouvoir. Oui, le monde n'est pas tel que tu le souhaites ou le rêves. Tu es frustré? La réalité est crue mais tu as le choix. Il est facile de rejeter le problème sur les autres qui ne saisissent pas toutes tes qualités et tout ton potentiel ou de blâmer ceux qui s'accrochent à leur position ou de critiquer l'organisation qui serait dépassée et inefficace.

Ne fuis pas en changeant d'entreprise et en imaginant que cela se passera mieux ailleurs. Ne te cherche pas d'excuses bidons. Fixe-toi un objectif, définis la stratégie la plus efficace pour y parvenir, établis un plan d'actions concrètes et mets-le en œuvre.

2. Un MBA est un plus, qui ne vaut plus grand-chose, ou même rien

Si tu oublies, que de manière concrète, avec ou sans un MBA, pour être promu à des plus hautes fonctions:

- il te faut une santé de fer pour assumer la charge et la pression sur la durée
- Il te faut être totalement focalisé sur ton objectif et ne jamais te disperser ou te laisser distraire
- il te faut en faire bien plus que tous les autres pour faire la différence
- il te faut fournir des résultats supérieurs à ceux de tes concurrents
- il te faut de la chance et un bon timing!
- il te faut une vision, une stratégie et savoir saisir les opportunités.

Bref, il te faut avoir du pouvoir, c'est-à-dire avoir la capacité d'inspirer et de faire faire par les autres ce que tu souhaites.

Ce qui se synthétise par la formule suivante:

> Progression = Santé x Focus x Engagement x Performance x Chance x Pouvoir

3. Ce qui fonctionne et te facilitera la vie

C'est de considérer que ta progression est le résultat d'une multiplication, ce qui signifie qu'il te faut être bon sur tous les aspects ci-dessous:

- Ta santé (énergie, endurance, résistances physique et psychique)? La littérature et les conseils avisés abondent.

- Le focus? C'est le fruit d'une discipline à acquérir surtout si tu es curieux et ouvert. C'est savoir doser entre faire preuve d'une certaine flexibilité quant au choix sur les divers moyens d'atteindre l'objectif et savoir se tenir à une certaine organisation personnelle, afin de minimiser tout gaspillage d'efforts.

- L'engagement? C'est tenir la barre vers ta destination quels que soient les obstacles et les échecs ponctuels. Cela demande bien sûr une constance dans ta force de travail, et le choix de la méthode organisationnelle qui te convient le mieux parmi toutes celles proposées. Mais surtout cela demande de toi une posture, constamment renouvelée et renforcée par la visualisation de ton but, qui te donnera le courage et la niaque pour affronter les conflits, pour enrôler quotidiennement autrui, bref pour écouter et construire les argumentations qui porteront.

- La performance? Tu peux t'inspirer de nombreuses techniques disponibles, sans négliger celles qui font appel à la motivation individuelle.

- La chance? Tu n'as rien d'autre à faire que d'espérer. Mais, si tu es juste sur ta voie, tu sauras la saisir.

- Le pouvoir? Ce traité te donne une méthode qui a fait ses preuves. Elle est construite sur les théories psychologiques du pouvoir et la théorie mathématique des réseaux.

- Prêt à mobiliser ton énergie et ton intelligence pour construire ton pouvoir?

4. Comment gravir les échelons et déjouer les pièges courants?

La voie du pouvoir est ouverte à beaucoup, mais seuls quelques-uns la construisent avec beaucoup de succès.

Regardons les options devant toi:

- Tu peux t'engager à chaque occasion possible sur des projets novateurs, en affirmant ouvertement tes ambitions en osant demander. Tu peux réseauter, penser à gérer ton image, continuer à te former, voire recourir à un coach ou un consultant en ressources humaines.

C'est bien. Cependant il n'y a très peu de chance que ce soit suffisant pour satisfaire ton ambition dans les temps impartis.

- Tu as un chef bienveillant? Bien, mais sois prudent et critique. Quelles sont ses motivations, quel est son but à lui? Pourrait-il avoir tout intérêt à te conseiller les actions les plus chronophages ou celles qui ne remettent pas en cause son pouvoir? Une petite dose de paranoïa a souvent été un facteur-clé de survie en organisation. Mais bien sûr personne ne s'en vante.

- Tu dois absolument pouvoir déterminer les axes d'actions sur lesquels t'investir. Ce sont ceux qui te permettront d'augmenter ton pouvoir le plus rapidement et d'atteindre le but que tu as visualisé avec le moins d'efforts.

En effet investir en énergie, en argent et surtout en temps dans une action qui n'aura pas l'impact maximal possible est totalement déraisonnable. Ou serait-ce que tu n'as pas pris assez de recul pour t'en apercevoir à temps et refuser l'action proposée?

- Attention à ton faux-ami le bon sens. Le sujet du pouvoir est complexe par nature. Et même si tes capacités cognitive et d'analyse sont très élevées celles-ci risquent fortement d'être réduites par les émotions liées à la thématique du pouvoir justement.

- Ton expérience? Cela réclame du temps, de faire des erreurs, et d'apprendre de ces dernières. As-tu le temps et veux-tu risquer de faire trop d'erreurs maintenant?

5. L'odeur du pouvoir et son impact

Le pouvoir souffre d'une mauvaise réputation. Il évoque des images de dominateurs et de manipulateurs, mais curieusement tout le monde aimerait en avoir plus quand même. Peu importe, sauf que ce cliché sulfureux risque de culpabiliser certains, de frustrer et empêcher d'autres d'être ambitieux et d'entreprendre. Il n'y a rien de plus démoralisant que d'avoir une idée novatrice ou une solution originale et d'être privé des moyens de les mettre en œuvre.

Or, le pouvoir n'est ni bon ni mauvais. Seul l'usage que nous en faisons peut s'avérer positif ou non. Historiquement le pouvoir est à l'origine de beaucoup de bienfaits et d'innovations, bref il a été un moteur et dynamisant.

Pouvoir, c'est être en capacité de mobiliser les ressources, d'organiser le soutien et les compétences autour d'un projet. C'est être à même d'enrôler ou d'enthousiasmer autrui à prendre des actions porteuses. Il peut s'agir de faire avancer les choses, d'appliquer des idées et de prendre les décisions nécessaires pour concrétiser ses projets et atteindre ses objectifs. Le pouvoir est la capacité d'influencer le comportement d'autrui, de changer le cours des événements, de vaincre la résistance et d'amener les gens à être en action. Le pouvoir permet de transformer l'intention en réalité.

Par analogie avec la physique le pouvoir est une énergie potentielle. Et tout comme l'énergie potentielle peut se transformer en énergie cinétique, le pouvoir permet de mettre les individus en mouvement. Le pouvoir n'est qu'un moyen. Et tout comme l'énergie, le pouvoir peut être bien ou mal utilisé.

Les personnes qui ont du pouvoir façonnent leur environnement et construisent le présent et le futur.

Le pouvoir est particulièrement important dans les décisions majeures prises aux niveaux organisationnels qui impliquent des réorganisations et les allocations budgétaires. Le pouvoir est aussi critique et sensible dans les domaines dans lesquels les performances sont difficiles à évaluer et dans lesquels il y a fréquemment des incertitudes et des désaccords.

Le pouvoir est une ressource précieuse et ne doit pas être utilisé de manière inconsidérée. Le pouvoir est souhaitable pour ce qu'il peut fournir.

6. L'approche "guérilla"

La guérilla évoque avant tout l'action rapide d'un groupe de personnes armées en vue de changer ou transformer quelque chose.

Toujours très ciblée, souvent discrète dans sa communication, elle se caractérise également par une grande organisation et une économie de moyens pour l'obtention de résultats significatifs.

Proche de nous dans l'esprit, de par l'intelligence de sa conception qu'elle présuppose avant toute marche en avant.

Notre approche à l'instar de la guérilla se veut ponctuelle et répétitive afin de déstabiliser des zones de confort d'aucuns qui ainsi empêchent une organisation de progresser, de se renouveler et d'innover.

7. Notre méthode fonctionne! Elle se base sur nos expériences et relève de l'universalité des mécanismes du pouvoir

Il existe une très abondante littérature qui s'attarde sur la philosophie ou l'histoire liées au pouvoir. Elle est très loin de ta réalité et ne te donnera aucun accès pratique pour te permettre d'atteindre ton but.

La littérature en leadership abonde en options et conseils mais ne te donnera aucune indication sur leur efficacité dans la situation qui est la tienne maintenant.

Pour être aux manettes, il te faut comprendre et savoir utiliser la dynamique du pouvoir. Pour être personnellement efficace, il y a deux prérequis : savoir comment faire et s'engager à le faire.

Notre méthode tire profit d'une cartographie méthodique du pouvoir qui permet d'établir le plan des actions les plus concrètes et les plus efficaces. En outre, comme elle est construite comme une approche globale et systémique tout à fait classique, elle peut s'appliquer à tous les environnements et même aux organisations sans hiérarchie. Elle est ainsi applicable à ton environnement particulier, quelle que soit l'entreprise, ou l'entité dans laquelle tu veux exercer ton pouvoir.

En avant-goût déjà deux informations primordiales:

1. Le pouvoir n'est pas une capacité innée, cela s'apprend. Il est donc essentiel que tu en comprennes la nature et que tu saches comment disposer d'un arsenal de stratégies et de tactiques qui te permettront de gagner du pouvoir. Ainsi seulement tu pourras faire avancer les choses qui te tiennent à cœur et progresser à titre individuel.

2. Il est critique de savoir rester «détaché» émotionnellement de toute situation où tu te trouves. C'est un des sine qua non du développement de ton pouvoir. Les personnes qui sont efficaces dans l'exercice du pouvoir sont celles qui sont suffisamment indépendantes pour ne pas avoir besoin de l'approbation des autres.

La méthode se joue du «politiquement correct» pour te faire gagner. Ici tu ne trouveras ni bienveillance ni malveillance, seulement une recherche d'efficacité maximale! Nous ne nous intéressons ni à tes points forts, ni à tes points faibles. Notre seul intérêt est que tu saches comment élaborer le plan qui te permettra d'accroître ton pouvoir maintenant, quelle que soit ta situation aujourd'hui.

Notre objectif est de t'aider à acquérir plus de pouvoir pour toi-même et par toi-même et de te donner la possibilité d'accomplir l'exceptionnel même contre la plus farouche opposition. Le pouvoir te rendra plus efficace et plus performant. Tu auras un impact très positif sur l'organisation dans laquelle tu opères.

Oui, tu l'as compris. Le pouvoir c'est l'opportunité de construire, de créer, de pousser l'histoire dans la direction que l'on souhaite.

Cette méthode offre en parallèle une approche théorique et une mise en application très concrète au cas particulier de ta situation. Nous t'invitons à inscrire au fur et à mesure les résultats de tes analyses sur la «Feuille de route» (grilles d'analyse n°28 à 31) que tu trouves en annexe. Tu vas ainsi définir le plan d'actions le plus efficace à ta situation pour augmenter ton pouvoir.

Partie 1:

Déterminer l'objectif

1. Pourquoi veux-tu avoir plus de pouvoir?

Le pouvoir n'est qu'un moyen pour atteindre plus facilement tes objectifs. Quel est ton but?

- Gravir les échelons au sein de l'organisation?
- Réussir à proposer puis mettre en œuvre tes idées?
- Avoir de l'ascendant sur les autres membres de l'équipe?
- Gagner davantage d'argent?

Quelle est la finalité de ta démarche vers le pouvoir? Prends quelques minutes pour réfléchir et définir à quoi ton augmentation de pouvoir pourra servir? Plus ton but sera précis en mentionnant un résultat et un délai, plus il te sera aisé d'évaluer ta progression. Chacune de tes actions doit avoir un sens et te permettre d'avancer rapidement.

 Vouloir plus de pouvoir juste pour avoir plus de pouvoir est stérile et ne mérite pas que tu y consacres ton intelligence ou ton énergie.

2. Question plus personnelle: quelle est ta relation au pouvoir?

Nous allons te demander comme à Jessica de définir ton objectif et le pouvoir que tu recherches. Un peu d'introspection: Comment te sens-tu par rapport à l'idée d' «être au pouvoir»?

- Es-tu partagé par des sentiments ambivalents?

- Es-tu bloqué par la honte de vouloir du pouvoir ou par la peur d'affronter de nouveaux enjeux et d'avoir à t'engager dans des luttes ?

- Ou crains-tu l'échec et de ne pas être en mesure d'assumer ces nouvelles responsabilités?

Rappel de quelques éléments-clés:

- La position de pouvoir est une position de solitude.

- Cela sous-entend de trancher, ce qui peut être source d'angoisse car, plus on est élevé dans la hiérarchie, moins on peut se cacher derrière la faute éventuelle des autres ou derrière des processus.

- Le pouvoir crée de l'adrénaline. Il se paie toujours d'une angoisse, celle de le perdre, et c'est pourquoi certains le refusent.

- Tout poste à responsabilité implique de ne pas plaire à tous, ce qui conduit fatalement à être critiqué. Exercer le pouvoir, c'est supporter de passer pour un méchant, un incapable ou un usurpateur, parfois les trois à la fois. Pas tout le monde n'est capable de supporter cela, de continuer à agir selon ses convictions dans un environnement hostile. Pas tout le monde sait se protéger en distinguant ce qui doit être fait de ce qu'il est.

- Si tu veux pouvoir réaliser tes projets, il te faut faire sauter l'autocensure et les barrières psychologiques que tu t'imposes. Il te faut assumer ton envie de pouvoir, relever des enjeux, mener des luttes et assumer plus de responsabilités.

- Être un leader c'est aussi avoir la capacité de développer autrui et soi-même et d'exercer le pouvoir.

- Le pouvoir, avant de l'exercer, il faut le conquérir. Tu dois le vouloir coûte que coûte. Oublie les faux-semblants, les recettes de cuisine douteuses et le trend bienveillant. Sois déterminé et efficace.

- Le monde de l'entreprise est le terrain d'un jeu dont le but est de gagner. Le jeu est très compétitif et il t'arrivera de perdre. Dans ces cas il te faudra l'accepter, sans rancune envers le gagnant et sans perdre ton envie de retenter ta chance pour gagner. Il faut oublier, pardonner et accepter les compromis car rien n'est jamais figé et il y aura encore de nombreuses parties à jouer.

- Si tu le veux il te faut dès maintenant ne «penser qu'à ça» et travailler systématiquement à mettre ton potentiel en action.

3. Ton fil rouge: Jessica, ses collègues et la situation chez Mikro

Jessica, 32 ans, a réussi brillamment son master en microtechnique. C'était sans conteste le meilleur élément de sa volée. Elle a décliné la proposition de son professeur qui lui proposait de travailler dans son laboratoire comme chercheuse. Car pour Jessica il était impensable de rester «hors-sol». Elle s'est donc lancée dans un MBA qu'elle vient de terminer.

Michael, 59 ans, a créé Mikro 25 ans plus tôt. Grâce à son flair et son énergie il en a fait un leader mondial dans sa niche. La société se porte très bien mais il sent qu'il faut de nouvelles idées, de nouvelles énergies et de nouveaux talents au risque sinon de se faire dépasser par des nouveaux concurrents. En fait jusqu'à présent, l'avance technologique de Mikro lui permet de vendre avec de fortes marges et sans réelles difficultés tout ce qu'elle produit. Mais ce temps sera bientôt révolu.

Jason 55 ans est le Directeur de production de Mikro depuis 19 ans. Très rapidement Michael lui a accordé une très large autonomie. Et Jason adore cette liberté. Pour lui la clé du succès de Mikro c'est la qualité de ce qui est produit. Au vu des marges les coûts sont secondaires et au vu de la demande il ne faut pas perdre son temps à satisfaire les «caprices» des clients.

Jessica a échangé avec Michael lors de la journée de l'innovation, organisée par son Ecole. Michael a été impressionné par son intelligence et son énergie. Quelques jours plus tard il l'a recontactée pour lui offrir le poste de responsable du département R&D de Mikro.

Jessica a été flattée par l'offre. Et le projet de pouvoir redynamiser le portefeuille de produits de Mikro correspondait exactement à ses envies.

Très rapidement après son arrivée chez Mikro, Jessica a chuté de son petit nuage rose.

Elle qui avait toujours avancé très vite, dont les idées et les impulsions avaient été plébiscitées, portées et même amplifiées a l'impression de s'ensabler. Ce qu'elle propose n'est pas pris en compte ni même considéré. Elle est sérieusement frustrée. Et puis ce Jason, qui ne pense qu'à maximiser la production des produits existants et qui refuse toute remise en cause l'agace mais surtout l'inquiète car cette attitude peut mettre en péril la pérennité de la société.

Jessica traine sa frustration se sentant totalement démunie.

L'article «L'apologie de la manipulation, le cynisme au pouvoir» attire son attention. Le texte se réfère à un livre très incisif sur la conquête du pouvoir. Les auteurs se targuent de proposer une méthode attestée pour augmenter son pouvoir. Clairement cette façon de voir les choses a heurté la bienveillance ambiante dont le critique est le défenseur. Mais sur les réseaux sociaux, il y a de nombreux commentaires positifs de managers qui louent l'efficacité concrète de la méthode pour améliorer sa situation personnelle.

Elle n'hésite pas et commande le livre.

Jessica est claire quant à son objectif. Elle indique aussi un délai. Ce qui est primordial.

Quoi?	Convaincre le comité de direction (CODIR) de lancer les nouveaux produits que j'ai conçus et qui vont relancer Mikro. Contourner Jason et son opposition systématique à toute nouveauté.
Délai?	D'ici 6 mois

Son objectif est maintenant ancré dans sa réalité. La conjonction des 2 éléments, à savoir l'objectif visualisé et le délai, va soutenir son action, son effort et la sortir de sa zone de confort.

Nous sommes convaincus que le questionnement de Jessica et ses estimations quant aux forces en présence te permettront d'illustrer ta propre situation, bien sûr différente. Pour ton efficacité, nous te recommandons de développer tes réflexions et ta stratégie personnelle en parallèle avec Jessica.

C'est maintenant à toi!

Tu trouveras en annexe un jeu complet des grilles d'analyse utilisées à chaque étape de la méthode.
Fais en une copie et complète-les au fur et à mesure de ta lecture.

 Il est important que tu exprimes ton avis au plus proche de ce que tu es et non pas ce que tu souhaiterais projeter comme image.

 N'hésite pas à confronter tes évaluations avec quelqu'un hors de ton cercle professionnel qui te connaît très bien et en qui tu as une totale confiance. Un point de vue externe est toujours enrichissant, même s'il peut quelques fois déranger. Mais surtout cela te permettra de te rapprocher au plus près de la réalité. Confronte tes évaluations aux observations que tu pourras faire durant les prochains temps.

Complète la grille d'analyse n°1.

Bravo, tu viens de franchir la première étape.

4. Observer, analyser et diagnostiquer: définir les contours de ton projet avant de te ruer dans l'action!

Tout dépend de la justesse de tes observations. Tes résultats reposent sur la précision de ton regard sur le groupe et sur chaque individu. Il est essentiel de bien cartographier le terrain et de comprendre les points de vue en présence.

Attention à ton égo. Il s'agit de se mettre à la place de l'autre et de prendre en compte son appréciation de la situation et non pas seulement la tienne. Qu'importe que tu considères quelque chose comme important si ce point est totalement secondaire pour les autres en ce moment. Mets de côté ton évaluation, car elle n'a pas de valeur dans ce cadre maintenant. Tu peux aussi la noter pour t'y référer plus tard si nécessaire.

Non, ce n'est pas compliqué. Il te faut juste de la rigueur et de la systématique.

Sois clair qu'il te manquera toujours des informations. Si tu en ressens le besoin, procède à de nouvelles observations ciblées, puis décide de t'en tenir là. Ce seront tes hypothèses de base.

Nota bene. Comme tu es à la fois observateur et acteur de la situation observée, sois attentif au fait que ton observation peut modifier la dynamique de ce que tu observes. Ainsi tu dois faire tout ton possible pour prendre du recul et rester neutre lors de l'analyse: oui, c'est difficile quand on est ambitieux et que l'on veut aller vite, mais c'est crucial. L'observation a besoin de se faire avec un maximum d'objectivité, en écartant toutes ses opinions, préjugés, sentiments et émotions. Elle demande de se baser sur des situations, des comportements, des faits réels et non fantasmés. C'est ainsi que nous te recommandons aussi de faire abstraction d'événements isolés qui ne sont pas représentatifs de l'attitude générale de l'individu.

Evite avant tout de prendre tes rêves pour la réalité.
Sois objectif y compris sur toi-même.

5. Quel est ton environnement?

Le premier point auquel tu dois répondre est le suivant: Quel est le groupe auquel j'appartiens, vraiment? Ici nous nous mettons à un niveau système. Ne te limite pas aux découpages traditionnels de l'organisation ou à l'organisation telle qu'elle est mise en place. Sois sélectif et évite deux écueils:

1. inclure des individus peu importants dans le cadre de l'analyse, ce qui surchargerait inutilement la démarche

2. oublier des individus qui ont un rôle important dans la dynamique du groupe sans pour autant être particulièrement visibles

La seconde étape consiste à déterminer le rang en termes de pouvoir de chacun des individus sur une échelle de 1 à 10.

Pour rappel le pouvoir est la capacité à faire faire les choses que l'on veut. Une façon de déterminer qui a le pouvoir est d'observer qui bénéficie, et dans quelle mesure, des actions de l'organisation, en particulier des décisions ou des actions qui sont contestées. Une autre source d'information est celle des symboles du pouvoir.

Jessica inscrit:

Nom et prénom	Fonction	Rang en termes de pouvoir de 1 = plus élevé à 10 = le plus bas
Michael	CEO et propriétaire	1
Jason	Directeur production	2
Jessica	Directrice R&D	3
Christopher	Directeur finance et adm	4
Matthew	Directeur des ventes	5
		6
		7
		8
		9
		10

Complète ta grille d'analyse.

6. Comment atteindre ton objectif? Qui est ta cible?

Ton objectif est de grimper les échelons. Dans ce cas il faut mettre ton énergie et ton intelligence à dépasser ton concurrent direct. Focalise-toi sur cet objectif. C'est désormais ta cible.

Nous sommes des primates. Ce qui nous intéresse, c'est notre rang dans le groupe, soit notre pouvoir relativement à celui des autres.

Le pouvoir est une valeur relative. Dans un groupe, l'augmentation du pouvoir d'un individu se fait toujours au détriment d'autres. La diminution du pouvoir d'un individu profite toujours à d'autres. En fait c'est un jeu à somme nulle. Dès lors pour atteindre tes objectifs tu agiras simultanément en tenaille selon les 2 stratégies suivantes:

1. Augmentation de ton pouvoir personnel
2. Réduction du pouvoir de ta cible.

Tu ne dois te fixer qu'une cible unique qui est l'individu qui a actuellement le rang juste meilleur que le tien.

Jessica représente le positionnement des membres du CODIR de Mikro.

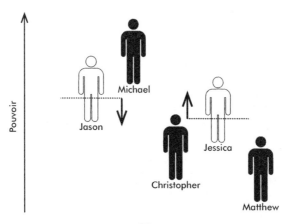

La cible de Jessica est Jason, le directeur de la production

Dès maintenant limite tes analyses et tes actions uniquement sur cette cible. Par la suite tu pourras te consacrer à d'autres individus.

Pour être vraiment efficace, il faut concentrer toute son énergie sur quelques objectifs et avancer pas à pas. Il y a beaucoup trop d'échecs dus à une dispersion des efforts. Ou pire encore à la non mise en œuvre des décisions.

Partie 2:

L'alignement entre ton système de référence et celui du groupe

1. Comprendre les mécanismes du pouvoir ou pourquoi il importe que tu suives les étapes prescrites pour atteindre ton objectif

Comprendre, c'est devenir libre de choisir, de choisir d'agir au lieu de subir ou de devenir frustré. La meilleure façon de réussir, c'est de décider et de se mettre en action. Ce que nous voulons, c'est que tu gagnes en pragmatisme, que tu saches quoi observer et comment identifier tes leviers de pouvoir et ceux des autres.

Dans cette partie du traité tu vas identifier les axes (ou sources d'influence) que tu peux actionner après avoir évalué les positions relatives des uns et des autres. Armé de cette compréhension, tu sauras comment anticiper et barrer les offensives de tes adversaires, tu seras à même de dénouer des situations complexes dans lesquelles ton influence est en péril. A la fin de cette section tu auras tout en main pour affaiblir tes adversaires et pour débloquer des situations où auparavant tu aurais abandonné la partie. En remplissant ta feuille de route, tu vas aussi gagner en confiance: Oui, car maintenant tu pourras déceler les flux de pouvoir, qui auparavant obéissaient à des codes obscurs.

Capitalise sur tes propres compétences et capacités, et dans la mise en œuvre de tes décisions.

2. Le trait essentiel: la relation et les sources d'influence

Oui, nous avons lu et intégré pour toi dans notre approche les résultats essentiels des travaux des chercheurs tels que Taylor, Fayol, Weber, Mayo, Lewin, French, Raven, Dahl, Crozier et Friedberg notamment. Leurs travaux sur les mécanismes du pouvoir et les sources d'influence se sont étalés en gros sur toute la première partie du XXème siècle. Ils ont traité des notions de commandement, de comportement collectif. Ils se sont penchés sur ce qui est formel ou informel. Ils ont insisté sur la notion de relation. Ce mouvement a d'abord considéré le pouvoir organisationnel puis le pouvoir individuel pour finir avec le pouvoir interactionnel.

Ils postulent que l'influence d'un individu dépend de ce qu'il est et de ce qu'il représente. Ton influence dépend de ce que tu es mais également de la fonction que tu endosses et de l'environnement dans lequel tu agis; ton influence varie avec tes activités et les lieux. Elle n'est pas la même lorsque tu es au travail, avec des amis, sur le terrain de sport ou en famille.

Attention à l'ivresse de l'influence générée par les responsabilités qui te sont déléguées. C'est toujours éphémère. Le retour sur terre est douloureux si tu te risques à confondre ton aura personnelle et celle de la fonction que tu endosses.

La dynamique du pouvoir repose sur 14 sources d'influence. Ces chercheurs les ont ensuite différenciées entre sources d'influence organisationnelles ou individuelles.

Les 14 sources d'influence

organisationnelles	individuelles
position hiérarchique	personnalité
taille et rôle de l'unité	performance
espaces décisionnels	compétences managériales
punition et récompense	expertise
information formelle	information informelle
réseau relationnel	crédibilité relationnelle
ancienneté	maîtrise des processus organisationneles

Ta marge de manœuvre?

- Les sources d'influence organisationnelles sont objectives et formelles. Elles peuvent être répertoriées dans les documents de l'entreprise tels que l'organigramme, les données financières et les rapports d'activités. Elles créent le cadre dans lequel les acteurs vont pouvoir jouer et contribuent à la culture d'un groupe ou d'une entreprise.

- Les sources d'influence individuelles sont subjectives et informelles. Elles relèvent de tes observations directes. Elles sont également le fruit direct de ta curiosité et formation continue.

 Une position élevée dans la hiérarchie n'assure pas automatiquement du pouvoir. Tout comme une position très basse dans la hiérarchie ne signifie pas de facto une absence de pouvoir.

Le pouvoir dépend fortement des sources d'influence qui sont valorisées dans la situation où l'on se trouve. Dans un cas extrême, si seule la performance est valorisée alors peu importe ton niveau hiérarchique. De même dans un environnement qui fait peu de cas de la hiérarchie, les individus exerceront un pouvoir lié et construit sur celles des 13 autres sources d'influence qui sont dominantes dans ledit environnement.

Contrairement au sentiment de «libération» que vendent les gourous de l'holacratie ou autre type d'organisation, quelle que soit la structure il y a toujours une hiérarchie du pouvoir et de zones d'influence. Laissons donc simplement passer les modes.

Tu l'as compris bien sûr. Il importe maintenant dans ta conquête de pouvoir d'identifier les importances relatives des différentes sources d'influence qui s'affrontent dans ton environnement.

Au début, tu n'as pas l'habitude de décomposer les choses de la sorte. Pas de souci, fais comme Jessica. Peu à peu, tu arriveras à maîtriser les éléments de cette dynamique de ton pouvoir.

3. Quelle importance accordes-tu à chaque source d'influence?

Bien sûr, on commence par toi. Réfléchis tout d'abord à la valeur ou l'importance que tu donnes aux 14 sources d'influence. Il n'y a pas de bonnes réponses. L'importance c'est ton système de référence, puisqu'il s'agira ensuite d'identifier les axes d'action porteurs pour toi. Puis nous ferons la même chose pour l'entreprise, où tu estimeras en observateur l'importance que l'environnement donne à ces mêmes facteurs.

Jessica évalue son système de référence:*

Sources d'influence	Explications	Jessica
position hiérarchique	L'obtention d'une position hiérarchique plus élevée accroît l'influence d'un individu.	4
taille et rôle de l'unité	La taille et/ou le rôle d'une unité a un impact sur l'influence accordée à l'individu qui la dirige.	2
espaces décisionnels	La participation à des groupes de travail, des groupes de projet et/ou des comités de pilotage accroît l'influence d'un individu.	3
punition et récompense	La possibilité de récompenser et/ou sanctionner les collaborateurs est un indicateur de l'influence d'un individu	3
information formelle	L'accès à, la possession et/ou la transmission d'informations nécessaires au fonctionnement de l'organisation qualifient l'influence d'un individu.	2
réseau relationnel	Occuper un poste qui requiert d'interagir avec une diversité d'acteurs au sein de l'organisation et de son écosystème démultiplie l'influence d'un individu.	2
ancienneté	Le nombre d'années d'expérience dans un poste, dans une organisation et/ou dans un domaine d'activités prouve l'influence d'un individu.	1
Les sources organisationnelles	Total (= A)	17

* Echelle: très forte = 4 / forte = 3 / faible = 2 / très faible = 1 / nulle = 0

Sources d'influence	Explications	Jessica
personnalité	La démonstration de qualités personnelles valorisées par l'organisation accroît l'influence d'un individu.	4
performance	L'atteinte des objectifs de performance dans le respect des délais et des ressources allouées amplifie l'influence d'un individu.	4
compétences managériales	L'atteinte des objectifs de performance dans le respect des délais et des ressources allouées amplifie l'influence d'un individu.	2
expertise	La maîtrise de compétences et connaissances techniques propres à l'organisation ou à un secteur d'activité valide l'influence d'un individu.	4
information informelle	La compréhension des phénomènes sociaux au sein de l'organisation grâce à la culture d'un réseau informel rehausse l'influence d'un individu.	3
crédibilité relationnelle	La crédibilité professionnelle auprès des acteurs clés de l'organisation intensifie l'influence d'un individu	4
maîtrise des processus organisationnels	La connaissance et la maîtrise des différents processus organisationnels renforcent l'influence d'un individu.	4
Les sources individuelles	Total (= B)	25

Nous pouvons maintenant calculer un index de culture qui va caractériser le système de référence qui te correspond. On le mesure comme suit:

Valorisation des sources d'influence organisationnelles	A
Valorisation des sources d'influence individuelles	B
Ton index de systèmes de références	$\dfrac{A}{A+B}$

Cet index te permet de te positionner dans un système de référence général, puis on le verra plus tard, avec celui de l'environnement dans lequel tu veux accroître ton pouvoir.

Index de système de références

0% ⟵——————————————————⟶ 100%

L'état d'esprit est progressiste et informel.	L'état d'esprit est conservateur et formel.
La gestion du changement se fait en fonction des compétences nécessaires.	La gestion du changement se fait en utilisant la structure en place.
L'innovation est prise en compte quand elle augmente les résultats.	L'innovation est prise en compte quand elle confirme l'ordre établi.

Pour Jessica cela donne:

Valorisation des sources d'influences organisationnelles	A	17
Valorisation des sources d'influences individuelles	B	25
Ton index de systèmes de référence	$\dfrac{A}{A+B}$	40%

Complète tes grilles d'analyse.

Pas de panique
Prends chaque tableau
l'un après l'autre

4. Chaque groupe est différent, chaque personne est différente

Chaque organisation, comme chaque groupe, comme chacun, valorise de manière différente les sources d'influence que nous venons de lister, c'est un peu comme si elle avait un ADN distinct. C'est dire que le pouvoir est situationnel et lié à un environnement précis.

Qu'est-ce que cela signifie pour toi? Il est efficace d'identifier le type d'organisation dont la culture est ou semble être en phase avec ton propre système de référence. Tu te sentiras plus à l'aise dans une culture qui te correspond. Tu auras d'autant plus de facilités à innover, à contribuer et à maximiser ton impact. En outre, lorsque tu es en phase avec ton environnement, tu n'es pas distrait par quelque émotion limitante, telle que frustration, envie ou autre. Tu te sens bien et donc tu es plus efficace. En particulier tu peux concentrer toute ton énergie et ton attention sur les actions qui importent au bon moment. En effet, l'une des sources pivot du pouvoir réside dans l'adéquation entre le style, les compétences, les capacités et ce qui est requis par la situation.

Détermine donc maintenant l'importance relative qu'accorde l'équipe à laquelle tu appartiens à chacune de ses sources d'influence. Elle sera probablement différente de celle affichée officiellement par l'entreprise. Regarde, écoute, bref efforce-toi d'être au plus proche de la réalité. Sois attentif à ne pas souscrire simplement à la position politiquement correcte, Il en va de ton efficacité dans ta quête de pouvoir.

 Tu te sentiras d'autant mieux que tu agis dans un groupe qui a un système de référence proche du tien.

Jessica évalue l'importance que le comité de direction accorde à chacune des sources du pouvoir:*

Sources d'influence	Explications	CODIR Mikro
position hiérarchique	L'obtention d'une position hiérarchique plus élevée accroît l'influence d'un individu.	4
taille et rôle de l'unité	La taille et/ou le rôle d'une unité a un impact sur l'influence accordée à l'individu qui la dirige.	4
espaces décisionnels	La participation à des groupes de travail, des groupes de projet et/ou des comités de pilotage accroît l'influence d'un individu.	4
punition et récompense	La possibilité de récompenser et/ou sanctionner les collaborateurs est un indicateur de l'influence d'un individu	3
information formelle	L'accès à, la possession et/ou la transmission d'informations nécessaires au fonctionnement de l'organisation qualifient l'influence d'un individu.	2
réseau relationnel	Occuper un poste qui requiert d'interagir avec une diversité d'acteurs au sein de l'organisation et de son écosystème démultiplie l'influence d'un individu.	4
ancienneté	Le nombre d'années d'expérience dans un poste, dans une organisation et/ou dans un domaine d'activités prouve l'influence d'un individu.	4
Les sources organisationnelles	Total (= A)	25

* Echelle: très forte = 4 / forte = 3 / faible = 2 / très faible = 1 / nulle = 0

Sources d'influence	Explications	CODIR Mikro
personnalité	La démonstration de qualités personnelles valorisées par l'organisation accroît l'influence d'un individu.	4
performance	L'atteinte des objectifs de performance dans le respect des délais et des ressources allouées amplifie l'influence d'un individu.	2
compétences managériales	L'atteinte des objectifs de performance dans le respect des délais et des ressources allouées amplifie l'influence d'un individu.	2
expertise	La maîtrise de compétences et connaissances techniques propres à l'organisation ou à un secteur d'activité valide l'influence d'un individu.	2
information informelle	La compréhension des phénomènes sociaux au sein de l'organisation grâce à la culture d'un réseau informel rehausse l'influence d'un individu.	4
crédibilité relationnelle	La crédibilité professionnelle auprès des acteurs clés de l'organisation intensifie l'influence d'un individu	2
maîtrise des processus organisationnels	La connaissance et la maîtrise des différents processus organisationnels renforcent l'influence d'un individu.	2
Les sources individuelles	Total (= B)	18

Ce qui donne pour le comité de direction de Mikro selon l'estimation de Jessica:

Valorisation des sources d'influence organisationnelles	A	25
Valorisation des sources d'influence individuelles	B	18
Index de systèmes de référence du groupe	$\frac{A}{A+B}$	58%

Aide-toi du tableau ci-dessous pour évaluer si l'environnement dans lequel tu opères est proche de ton système de référence personnel.

	Ecart des index de système de référence				
Bornes	inférieur à -20%	de -20% à -10%	de -10% à 10%	de 10% à 20%	supérieur à 20%
Diagnostic	déphasage	décalage	cohérence	décalage	déphasage

Si le résultat est en:

Cohérence: Tu es en terrain idéal pour développer et exercer le pouvoir.

Décalage: Tu pourras et tu devras te mettre en cohérence avec le groupe. Attends, ce n'est pas grave. Tu as un champ de manoeuvre. On approfondit ce point dès les pages suivantes.

Déphasage: Tu es face à un problème majeur car l'environnement ne te correspond pas du tout. Il va être très difficile de changer suffisamment les choses. Si après t'être investi tu dois constater que l'objectif n'est pas atteignable tu seras avisé de chercher activement à intégrer un autre groupe dans lequel tu te sentiras plus à l'aise et dans lequel tu pourras exprimer tout ton potentiel et ainsi atteindre le niveau d'influence auquel tu peux prétendre.

Pour Jessica le résultat est:

	Index de référence
Jessica	40%
CODIR Mikro	58%
Ecart	18%
Diagnostic	décalage

Il met clairement en évidence le hiatus entre ce qui est important pour elle et ce qui l'est pour le CODIR de Mikro.

Elle se réjouit de mettre en évidence les actions pour se mettre en cohérence avec le groupe, en suivant les étapes proposées de manière systématique.

Complète tes grilles d'analyse.

5. Voilà, C'est le moment de t'exercer à développer tes premières stratégies

Tu t'en rappelles? Nous voulons que tu gagnes! Chacune des stratégies que nous te proposons obéit au principe « un maximum d'impact pour le minimum d'effort », et cela sans la prise d'aucun autre critère. Le focus sur une action à la fois, c'est ce qui marche et ce qui est efficace.

Tu es probablement troublé ou désorienté. C'est normal. Parfois la stratégie proposée ira à l'encontre de tes habitudes, de tes croyances ou de tes penchants naturels. Si cela arrive, remarque le. Surtout n'en fais rien du tout mais continue à suivre l'approche proposée qui fonctionne. Seul compte le but que tu t'es fixé - gagner du pouvoir - et rapidement.

Par contre, dès que tes valeurs personnelles sont en jeu, reconsidère la situation dans laquelle tu es.

A ce stade de l'approche, nous te proposons deux sortes de stratégies pour être en alignement avec ton environnement et asseoir ta position, ce qui constitue la première étape:

1. Les stratégies qui impliquent un travail sur toi-même et pour lesquelles il s'agit essentiellement de discipline et de t'en tenir à ce que tu t'es promis.

2. Celles qui impliquent que tu recours aux techniques de communication pour amener d'autres individus à changer de comportement, à agir dans une autre direction ou à envisager une autre réalité.

Il y a deux types de mise en œuvre opposées et complémentaires

1. La sape de l'adversaire qui a l'avantage d'être discrète et d'éviter la confrontation directe.

2. La promotion qui oblige à se dévoiler et à préciser ce que tu envisages ou proposes comme meilleure action de loin.

L'efficacité maximale étant obtenue en utilisant les 2 approches simultanément.

 Sélectionne seulement les leviers d'actions qui ont vraiment un impact. Dès lors ne considère jamais les éléments dont la valorisation est nulle.

Convention: pour alléger les présentations tu liras sous «Haute» les évaluations «Forte» et «Très forte» et sous «Basse» les évaluations «Nulle», «Faible» et «Moyenne».

Deux stratégies de base pour te mettre en cohérence avec le groupe.

Nous te recommandons et présentons deux stratégies.

Stratégie 1

Accorde plus d'importance aux sources d'influence que tu ne valorises que peu mais qui sont beaucoup valorisées par le groupe. Cela doit être ta priorité car tu as la totale maîtrise puisque cela ne dépend que de toi.

Le **+** : L'effet sera très rapide.

Le **−** : Risque de déphasage éventuel entre ce que tu chercheras à être et ce que tu es vraiment.

Stratégie 1

Toi	Valorisation des sources d'influence	Haute		
				↑ stratégie 1
		Basse		
			Basse	Haute
			Valorisation des sources d'influence	
			Groupe	

> Stratégie 2

Modifie l'importance relative que le groupe accorde aux sources d'influence. C'est une stratégie complémentaire à la première.

Le **—** : Nécessite du temps.

Le **+** : Te permet de rester toi-même.

Stratégie 2

Toi	Valorisation des sources d'influence	Haute		stratégie 2a
		Basse	stratégie 2b	
			Basse	Haute
			Valorisation des sources d'influence	
			Groupe	

De manière concrète tu peux:

- 2a. Promouvoir les sources d'influence que tu valorises beaucoup mais qui ne le sont pas par le groupe.

- 2b. Saper les sources d'influence beaucoup valorisées par le groupe mais que tu ne valorises que peu.

6. Attention: La fin ne justifie pas tous les moyens!

Les stratégies utilisées doivent être éthiques et bien sûr respecter le cadre légal. Par contre tu n'as pas à adopter des règles de conduite qui ne te conviennent pas.

La sape est une stratégie militaire qui consiste à détruire une fortification ennemie en attaquant ses fondations. Dans le cadre de ce traité c'est une méthode qui vise à affaiblir la position d'un adversaire pour obtenir plus de pouvoir. Ce n'est pas l'individu qui est visé, mais sa position. C'est une stratégie à la fois éthique et légale.

Par contre, le mobbing est une attaque systématique à l'encontre d'un individu en particulier dans le but de l'inciter à abandonner son poste. Le mobbing est une atteinte à l'intégrité de la personne, à sa possibilité de communiquer, à ses relations sociales, à sa réputation, à sa qualité de vie et à sa situation professionnelle, à sa santé. Et c'est totalement immoral et illégal.

Quant au sabotage c'est une manœuvre ayant pour objectif de désorganiser une entreprise ou de faire échouer une action commune. C'est évident totalement à bannir de la part d'un professionnel.

7. Ton objectif premier: modifier l'importance accordée aux différentes sources d'influence

La persuasion ou la propagande sont les deux approches possibles et usuelles qui permettent de changer l'opinion d'autres individus en soutien de tes objectifs.

En terme tactique tu pourras utiliser la raison, les faits, la rhétorique, les images et symboles, les insinuations et suggestions, les visions utopiques, les émotions, la redéfinition, l'imprécision, les stéréotypes, le glissement sémantique, l'omission, l'exagération, la confusion, les experts, les sciences, les dogmes,...

Et tu pourras le faire sur le mode direct et explicite ou bien recourir à l'implicite, en déguisant le sens et laissant l'interlocuteur dans l'incertitude, le doute, voire en proie à des dilemmes moraux. Tu liras ci-dessous des pistes d'actions pour promouvoir ou saper la valorisation des sources d'influence.

Les axes d'actions pour modifier la valorisation des sources d'influence du groupe

Sources d'influence	Message de promotion 😇	Message de sape 😈
position hiérarchique	Les organisations ont besoin de structures hiérarchiques pour fonctionner. La majorité des collaborateurs ont besoin d'une hiérarchie pour fonctionner correctement. Les hiérarchies facilitent la prise de décision efficace, permettent de résoudre les conflits et l'insécurité. L'économie est une succession de crises qui nécessitent des décisions souvent dures et sans pitié.	Les hiérarchies transforment les hommes en ressources exécutantes sans réflexion propre pour les rendre plus productifs. Elles sont non seulement contre-productives mais aussi destructrices d'innovation et d'engagement Les jeunes et les talents sont de moins en moins enclins à s'insérer dans des hiérarchies rigides. Les hiérarchies tuent l'esprit d'initiative et la créativité.
taille et rôle de l'unité	C'est une mesure fondamentale de l'importance financière ou stratégique. Les effets de masse et d'échelle sont des facteurs clés de succès.	Ce sont des mesures dépassées qui ne reflètent que l'ego des managers. Ce qui est important c'est l'agilité.
espaces décisionnels	Les comités permettent des débats riches en mêlant la diversité des expertises et des points de vue. Les comités permettent de prendre rapidement les meilleures décisions possibles.	Les comités sont constitués de personnes déconnectées de la réalité et qui débattent entre elles dans le vide, pour sauvegarder ce qui a toujours été fait. On n'a jamais vu un comité prendre des décisions ; tout se joue en coulisse.

Les axes d'actions pour modifier la valorisation des sources d'influence du groupe

Sources d'influence	Message de promotion ☺	Message de sape 😈
punition et récompense	C'est encore et toujours le moyen le plus efficace pour corriger les comportement déviants et stimuler l'atteinte des objectifs de l'entreprise. Peu importe les effets de bords indésirables lorsque l'essentiel est atteint.	La pratique de la carotte et du bâton est d'un autre âge qui ne favorise que les petits chefs incompétents et autocrates. Les systèmes de bonus ont de pervers que l'intérêt personnel va souvent à l'encontre du résultat d'ensemble et du besoin de sens. Ils ne favorisent que le court terme.
information informelle	Définir, expliquer, donner le cadre mental et organisationnel est un liant essentiel pour assurer la cohésion des équipes et pour faciliter la collaboration.	C'est de la propagande. Ce n'est en tout cas pas la réalité. Ce n'est que de l'info top-down et un mépris de l'input des vraies compétences.
réseau relationnel	C'est la capacité de très rapidement et efficacement accéder à des informations, des ressources et des individus. C'est un élément essentiel pour travailler efficacement ensemble.	C'est la valorisation d'intérêts personnels pour compenser des incompétences individuelles. Ce nombrilisme occulte la vraie réalité qui est au dehors (=les clients, les fournisseurs,..) Cela vampirise / détruit l'efficacité des processus critiques pour le business.

Les axes d'actions pour modifier la valorisation des sources d'influence du groupe

Sources d'influence	Message de promotion 😇	Message de sape 😈
ancienneté	C'est la valorisation de la stabilité et de l'expérience accumulée.	C'est la valorisation de l'immobilisme et du passé
	C'est obtenir de meilleurs résultats et plus vite ou bien atteindre le même résultat avec beaucoup moins d'effort.	C'est être en déphasage avec les nouvelles réalités du marché, des nouveaux comportements des clients et des nouvelles technologies.
	C'est le signe de loyauté à l'entreprise.	C'est le signe de l'assoupissement, la zone de confort personnel
personnalité	Les caractéristiques des individus sont essentielles au développement des affaires et à l'atteinte de la performance.	On a besoin d'exécutants qui accomplissent les tâches ou les missions que l'on a fixées; peu importe les caractéristiques des individus.
		On n'a pas besoin de changer de stratégies chaque fois que l'on a un nouveau ego dans la hiérarchie
performance	C'est la clé pour garantir le développement et la pérennité de l'activité.	C'est un critère réducteur, un miroir aux alouettes qui tue l'innovation et réduit l'humain à une variable de production et privilégie trop le court terme

Les axes d'actions pour modifier la valorisation des sources d'influence du groupe

Sources d'influence	Message de promotion 😇	Message de sape 😈
compétences managériales	Elles sont les leviers les plus efficaces pour tirer le maximum des collaborateurs	Ce sont des béquilles faites pour les individus faibles qui n'ont pas de poigne et n'arrivent pas à s'imposer naturellement. Ce sont souvent des obstacles au projet transversaux.
expertise	Elle est indispensable pour créer de la valeur ajoutée, améliorer la performance et se différencier de la concurrence.	C'est un plaisir intellectuel qui déconnecte de la réalité et des vraies réalités et nécessités du business.
information informelle	Le bien-être des collaborateurs est clé pour la réussite de l'organisation, dès lors comprendre et anticiper la dynamique sociale est clé.	Il ne faut pas se laisser déconcentrer par des états d'âmes des ressources de production que sont les collaborateurs. C'est la voie royale pour la désinformation. Il ne faut accorder aucune importance à «radio moquette».

Les axes d'actions pour modifier la valorisation des sources d'influence du groupe

Sources d'influence	Message de promotion ☺	Message de sape 😈
crédibilité relationnelle	C'est l'élément fondamental nécessaire à la confiance et à la collaboration.	C'est une apparence de réputation qui est factice.
maîtrise des processus organisationnels	Les processus permettent de focaliser les énergies sur le développement de valeurs ajoutées, de déléguer un savoir-faire et d'éviter les dérapages incontrôlés	Ce sont des béquilles pour les incompétents, des protections pour les peureux et des freins à l'initiative. Cela empêche de revisiter les modèles d'affaires

Jessica reporte les évaluations des Tableaux 3, 4, 6 et 7 dans la matrice afin de visualiser ses options. Par exemple elle valorise «Expertise» à 4 et le CODIR Mikro à 2. Ainsi pour Jessica c'est une valeur «Haute» et pour le CODIR de Mikro c'est une valeur Basse. Elle note donc «Expertise» dans le quadrant à gauche et en haut.

Stratégies 1, 2a et 2b

Jessica	Valorisation des sources d'influence	Haute	Expertise	
		Basse		
			Basse	Haute
			Valorisation des sources d'influence	
			CODIR Mikro	

Après avoir positionné les 14 sources d'influence, Jessica obtient la matrice suivante:

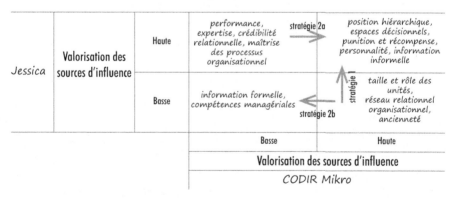

Stratégies 1, 2a et 2b

Parmi toutes les sources d'influence sélectionne celle qui te semble la plus facile à mettre en œuvre selon les axes pour modifier l'intensité des influences décrits ci-dessus.

Il te faut exclure la source d'influence «Ancienneté» pour laquelle il n'y a aucune action envisageable.

Quelles stratégies suivre ? Jessica se décide pour trois actions spécifiques.

| Stratégie 1: |

Renforcer le «Réseau relationnel organisationnel». cela lui semble le plus facile et le plus cohérent avec ses propres valeurs. Elle sait qu'elle ne peut pas travailler en solo. Elle doit vraiment faire partie de l'équipe.

| Stratégie 2a: |

Promouvoir «Expertise»: C'est essentiel pour la pérennité de Mikro et elle a de nombreux atouts à mettre en avant.

| Stratégie 2b: |

Saper la source d'influence «Ancienneté». Elle ne peut pas supporter que cette source ait une importance autre qu'accessoire. Vu son arrivée très récente au sein de Mikro, elle n'a pas le moindre levier d'action, si ce n'est celui d'attendre ... ce qui est inimaginable et incompatible avec l'urgence de la situation.

	Stratégies	Sources d'influence	Actions/Messages
1	A valoriser plus personnellement	Réseau relationnel organisationnel	
2a	A promouvoir à chaque occasion possible au sein du groupe	Expertise	
2b	A saper à chaque occasion possible au sein du groupe	Ancienneté	

Elle décide ensuite des messages spécifiques qu'elle va appuyer, en s'inspirant des exemples donnés dans les pages précédentes.

	Stratégies	Sources d'influence	Actions/Messages
1	A valoriser plus personnellement	Réseau relationnel organisationnel	Identifier les synergies et en renforcer les bénéfices mutuels
2a	A promouvoir à chaque occasion possible au sein du groupe	Expertise	L'expertise va permettre d'imaginer d'autres produits et services, de créer une valeur ajoutée différente de la concurrence, d'agir sur la performance, etc...
2b	A saper à chaque occasion possible au sein du groupe	Ancienneté	Faire mieux la même chose – selon les mêmes processus – ne permet pas de rencontrer les nouvelles demandes des consommateurs ni d'assurer la suite du business

Complète tes grilles d'analyse.

8. Synthèse intermédiaire

Cette première étape t'a permis d'améliorer ton regard sur ta situation réelle et de décider des actions à prendre pour accroître ton influence.

Gonflé à bloc? Tu vois, c'est «fun» aussi.

Il importe maintenant de mettre en pratique cette base. Tu vas réaliser qu'en suivant ton plan de route, tu vas voir rapidement des changements significatifs. Une fois cette base assurée tu vas pouvoir te dédier à la conquête du pouvoir, ou tu peux t'arrêter ici. C'est ton choix.

Si tu veux aller plus loin tu peux continuer avec Jessica.

9. Tout change tout le temps

Tes aptitudes et tes compétences ne sont pas absolues. Elles dépendent de ta formation continue et du contexte dans lequel tu agis. Tes intérêts, tes désirs évoluent. Le monde change et se transforme continuellement aussi. Des opportunités nouvelles vont également émerger qui vont résonner avec tes dernières expériences ou tes intérêts nouveaux.

Tu l'as compris, il est sage et efficace de revisiter ton analyse de manière régulière: à l'intérieur d'un même groupe ou d'une même entreprise et surtout lorsque tu changes de statut ou d'organisation.

A chaque fois que tu seras en discussion ou réflexion pour un changement de groupe ou d'entreprise, recalcule l'écart entre les systèmes de référence. Cela fait aussi partie de ton travail de préparation.

Partie 3:

Les axes d'actions pour augmenter ton pouvoir

1. Au cœur de la puissance, les mécanismes d'influence et de pouvoir entre individus

Accroche-toi, nous allons décortiquer dans cette partie vraiment importante des concepts qu'il est bon de lire très attentivement afin de se les approprier.

1. L'intensité de ton action peut se mesurer comme la somme des intensités d'action prises individuellement qui sont exercées sur chacune des sources de pouvoir.

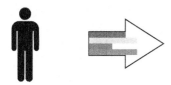

Emetteur

2. L'intensité de ton action est pondérée par le système de référence du groupe dans lequel tu interviens.

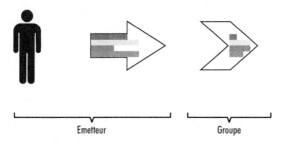

Emetteur Groupe

Nous reprenons. Observe ton positionnement que tu as estimé être en phase ou en décalage avec le système de référence du groupe. Tu comprends aisément que ton action va être dopée si elle est portée par un cadre de référence du groupe qui se rapproche du tien. A contrario, ton action sera amortie.

Autre exemple: Si tu as une très grande expertise, il est clair que tu verras ta force d'action amplifiée dans un groupe qui gratifie les spécialistes. Par contre, ton impact sera réduit dans un environnement qui respecte surtout la hiérarchie dans l'organisation.

Finalement l'influence exercée sur un autre individu dépend de l'attitude de ce dernier qui va accepter l'influence exercée sur lui ou non, en fonction de l'importance qu'il attribue lui-même à chacune des sources de pouvoir ou d'influence.

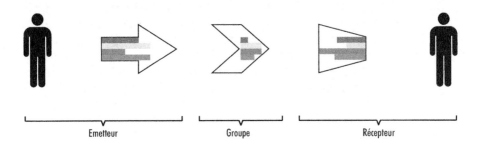

L'influence d'un individu sur un autre dépend de l'importance que ce dernier veut bien accorder à cette influence.

Par exemple, un maître-chanteur n'a de l'ascendant sur sa victime que tant que cette dernière accepte la menace. Face à un adolescent qui n'accepte aucune remarque l'influence du parent est nulle.

En synthèse, le pouvoir n'est ni général ni déterminé. Il est multidimensionnel, situationnel et fluctuant. Ton pouvoir dépend fortement des autres. Ainsi tu peux avoir beaucoup de pouvoir dans un groupe et très peu dans un autre.

C'est identique pour un manager qui serait très puissant dans un environnement précis. La mauvaise «bonne idée» serait de vouloir le parachuter dans une autre équipe pour la dynamiser. Dans ce nouvel environnement il devra gagner son pouvoir, il ne pourra pas simplement transférer celui qu'il avait.

Il en est de même lors de rachat ou de fusion d'entreprises. La répartition du pouvoir au sein du comité de direction va fortement changer, sans que l'équipe, les compétences ou les missions changent radicalement.

Le pouvoir d'un individu dépend de ce qu'il est (son individualité) et de ce qu'il représente (sa fonction) et des sources d'influence qui sont valorisées par le groupe. Dans une organisation sans hiérarchie il y a évidemment quand même une hiérarchie du pouvoir. Occuper une position hiérarchique élevée ne confère pas nécessairement du pouvoir.

Il existe des stratégies qui peuvent réduire le pouvoir des forts ou du moins limiter leur capacité à utiliser ce pouvoir. Dès lors, l'auto-analyse est importante mais également l'analyse des individus du groupe, et cela régulièrement.

2. Huit stratégies pour augmenter ton pouvoir

Lis avec soin ces 8 leviers d'action, afin que tu puisses facilement en jouer à ton profit. Nous les avons répartis en deux catégories: les stratégies qui modifient le degré d'intensité d'influence et celles liées aux degrés d'acceptation de ces mêmes influences.

1. Modifier les niveaux d'intensité d'influence

- Augmenter la force de ton influence sur les sources d'influence les plus valorisées par le groupe.

- Réduire l'intensité d'influence de ta cible pour les sources d'influence les plus valorisées par le groupe.

- Agir de manière que le groupe considère davantage les sources d'influence pour lesquelles ton influence est élevée. Pour autant que l'intensité d'influence de ta cible ne soit pas également haute, sinon ce serait augmenter simultanément ton pouvoir et celui de ta cible.

- Faire en sorte que le groupe néglige les sources d'influence pour lesquelles ta cible se distingue. Pour autant que ton intensité ne soit pas également haute, sinon ce serait diminuer simultanément le pouvoir de ta cible mais aussi le tien.

2. Agir sur le degré d'acceptation d'une source d'influence

- Faire en sorte que ta cible souscrive davantage aux sources d'influence pour lesquelles tu t'es attribué un impact élevé.

- Augmenter la portée de ton action sur les sources d'influence pour lesquelles ta cible est très favorablement disposée.

- Réduire ton inclination à accepter les sources d'influence – ou s'immuniser contre les sources d'influence – sur lesquelles ta cible est très efficace.

- Réduire la force d'action de ta cible sur les sources d'influence avec lesquelles tu es favorablement aligné.

Nous allons les reprendre l'une après l'autre dans ce chapitre.

3. Evaluation des niveaux d'intensité respectifs par source d'influence

Nous procédons en deux temps. Tout d'abord il s'agit de reporter les valeurs accordées par le groupe aux sources d'influence. Ce sont les chiffres alloués aux sources d'influence dans les grilles d'analyse n°6 et 7. Puis pour toi et ta cible tu vas maintenant estimer le degré d'intensité de vos influences respectives.

Dans le cas du CODIR de Mikro Jessica répond par exemple ce qui suit :*

Sources d'influence	Valorisation CODIR Mikro	Explications	Jessica	Jason
position hiérarchique	4	Indique ton niveau hiérarchique et celui de ta cible dans le groupe • Niveau le plus élevé = 4 • 2ème Niveau = 3 • 3ème Niveau = 2 • 4ème Niveau = 1 • Niveau le plus bas = 0	3	3
taille et rôle de l'unité	4	Indique l'importance de l'activité/l'équipe que toi et ta cible dirigez • Très importante = 4 • Importante = 3 • Secondaire = 2 • Très secondaire = 1 • Pas importante = 0	2	4
espaces décisionnels	4	Pour chacun des espaces décisionnels aux quels toi ou ta cible participez, compte 1 point. • Comité de direction • Comité investissement • Comité innovation • Promotion des femmes	1 0 1 1 } 3	1 1 1 0 } 3

Pas de panique
Prends chaque tableau
l'un après l'autre

Sources d'influence	Valorisation CODIR Mikro	Explications	Jessica	Jason
punition et récompense	3	Indique si toi et ta cible vous pouvez sanctionner et récompenser, octroyer des promotions, accorder des gratifications financières, sanctionner des comportements, évaluer la performance, ... • Possible = 4 • Pas possible = 0	4	4
information formelle	2	Indique qui de toi et de ta cible produit des informations importantes pour le fonctionnement de l'organisation ou qui en contrôle le flux de transmission • Oui = 4 • Non = 0	4	4
réseau relationnel	4	Liste les 4 groupes de personnes les plus importantes au sein de l'entreprise. Et pour chaque groupe de personnes avec lesquelles toi ou ta cible avez des relations directes compte 1 point: • *Décideurs* • *Clients* • *Fournisseurs* • *Commission du personnel*	1 1 1 0 } 3	1 1 1 1 } 4
ancienneté	4	Si tu as plus d'années d'expériences dans la fonction, dans l'entreprise ou dans le domaine d'expertise que ta cible alors attribue-toi 4 points et 0 à ta cible. Sinon attribue-toi 0 point et 4 à ta cible	0	4
personnalité	4	Liste les 4 traits de personnalité les plus importants au sein de l'entreprise et pour chaque trait de personnalité que toi ou ta cible avez, compte 1 point: • *Charisme* • *Exemplarité* • *Force de travail* • *Ouverture d'esprit*	0 1 1 1 } 3	1 0 1 0 } 2

Sources d'influence	Valorisation CODIR Mikro	Explications	Jessica	Jason
performance	2	Liste les 4 performances les plus importantes au sein de l'entreprise. Et pour chaque performance que toi ou ta cible réalisez compte 1 point: • Atteindre les objectifs attendus • Respecter les délais • Respecter les budgets • Générer des profits	0 0 1 0 } 1	0 1 1 0 } 2
compétences managériales	2	Liste les 4 compétences managériales les plus importantes au sein de l'entreprise. Et pour chaque compétence que toi ou ta cible avez compte 1 point: • Imposer son point de vue • Développer des stratégies • Créer des alliances • Identifier des opportunités	0 1 0 1 } 2	1 1 1 0 } 3
expertise	2	Liste les 4 expertises les plus importantes au sein de l'entreprise. Et pour chaque expertise que toi ou ta cible avez compte 1 point: • Gestion de la production • Gestion de l'innovation • Outils digitaux • Marchés internationaux	0 1 1 0 } 2	1 0 0 1 } 2
information informelle	4	Liste les 4 actions les plus importantes au sein de l'entreprise. Et pour chaque action que toi ou ta cible maîtrisez compte 1 point: • Obtenir de l'information en amont • Connaître le climat de l'organisation • Comprendre la portée d'un événement • Référent naturel de tous les collaborateurs	0 0 1 0 } 1	1 1 0 1 } 3

Sources d'influence	Valorisation CODIR Mikro	Explications	Jessica	Jason
maîtrise des processus organisationnels	2	Liste les 4 processus organisationnels les plus importants au sein de l'entreprise. Et pour chaque processus organisationnel que toi ou ta cible maîtrisez compte 1 point: • Planification des investissements • Ressources humaines • Validation des décisions • Planification de la production	1 1 0 0 } 2	1 1 1 1 } 4
crédibilité relationnelle	2	Liste les 4 groupes d'interlocuteurs les plus importants au sein de l'entreprise. Et pour chaque groupe d'interlocuteurs pour lesquels toi ou ta cible êtes crédibles compte 1 point: • Décideurs • Partenaires internes • Clients • Groupes d'intérêts	1 1 0 0 } 2	1 1 1 1 } 4

4. Les stratégies 3 et 4

Voilà, nous sommes maintenant prêts à utiliser les 8 stratégies qui modifient les niveaux d'impact respects par source d'influence. Rappel, une source importante de pouvoir réside dans l'adéquation entre les capacités d'une personne et ce qui est requis ou valorisé par la situation. Ainsi pour augmenter ton pouvoir, tu peux soit

Stratégie 3

Augmenter la force de ton influence sur les sources d'influence les plus valorisées par le groupe. T'affirmer sur les dimensions qui te rapporteront le plus.

Stratégie 3

Toi	Intensité d'influence	Haute		
				↑ stratégie 3
		Basse		
			Basse	Haute
			Valorisation des sources d'influence	
			Groupe	

Stratégie 4

Saper l'intensité d'influence de ta cible pour les sources d'influence les plus valorisées par le groupe.

Stratégie 4

Toi	Intensité d'influence	Haute		
				stratégie 4
		Basse		
			Basse	Haute
			Valorisation des sources d'influences	
			Groupe	

5. Voici pour toi des exemples d'actions qui vont augmenter ta propre influence ou saper celle de ta cible

Ainsi en lien avec les stratégies 3 et 4, nous avons sélectionné un échantillon d'actions que tu peux initier pour chacune des sources d'influence.

Les actions pour modifier l'intensité des influences

position hiérarchique		
Levier	Cela demeure un levier d'influence majeur dans le monde de l'entreprise, encore et toujours.	
Stratégies	Augmenter ton influence 😇	Saper l'influence de ta cible 😈
Actions	Travaille à satisfaire les caractéristiques et expériences personnelles qui sont valorisées lors de la sélection des candidats. Affiche clairement ton ambition. Présente sans hésiter ta candidature, même si tu ne satisfais pas à toutes les exigences. Sois prêt à prendre des postes risqués ou qui ne sont pas «sexy».	Mets en évidence les faiblesses de son profil (ta cible a dépassé son niveau de compétence») et de son expérience. Démolis systématiquement et fermement sa candidature.

Les actions pour modifier l'intensité des influences

espaces décisionnels		
Levier	La participation à des comités est un indicateur de la valeur accordée à un membre de l'organisation	
Stratégies	Augmenter ton influence ☺	Saper l'influence de ta cible 😈
Actions	Porte-toi volontaire pour participer à des comités, des groupes de travail et groupes de projets stratégiques. Participe à la préparation de dossiers qui serviront à la prise de décision au sein de comités. Signe-les et demande à avoir l'occasion de pouvoir les présenter. Crée et anime des groupes de réflexions informels et sois celui qui diffuse les résultats à la direction.	Porte-toi volontaire contre elle même pour tous les comités, groupes de travail et groupe de projets auxquelles elle tente de participer. Dévalorise ses compétences pour la préparation de dossiers pour les comités ou signale les manques dans les dossiers qu'elle a préparés. Manoeuvre systématiquement pour l'isoler.

Les actions pour modifier l'intensité des influences

taille et rôle de l'unité		
Levier	La taille et le rôle des unités influencent l'importance que l'on accorde aux individus qui les composent	
Stratégies	Augmenter ton influence ☺	Saper l'influence de ta cible 😈
Actions	Implique-toi dans des activités à fort potentiel de croissance, au coeur des priorités stratégiques de l'organisation ou chères aux actionnaires. Bataille sans cesse pour avoir des budgets et des collaborateurs supplémentaires. Mets en évidence l'impact positif sur la performance de l'organisation, sur les synergies dans l'écosystème, si cette possibilité t'était donnée.	Manoeuvre systématiquement pour l'exclure / l'éloigner des activités à fort potentiel de croissance, au coeur des priorités stratégiques de l'organisation ou chères aux actionnaires. Bataille pour réduire ses budgets et le nombre de ses collaborateurs. Mets en évidence le coût et la perte de productivité — car pas de synergie, si cette possibilité lui était donnée.
punition et récompense		
Levier	La possibilité de pouvoir user de la «carotte et du bâton» donne de l'influence.	
Stratégies	Augmenter ton influence ☺	Saper l'influence de ta cible 😈
Actions	Mets en évidence ton discernement et ton efficacité dans l'usage de ce levier, communique l'impact positif sur la performance de l'organisation.	Signale sa mauvaise utilisation de ce levier car elle l'utilise automatiquement et presque sans réfléchir.

Les actions pour modifier l'intensité des influences

information formelle			
Levier	La possession d'information nécessaire au fonctionnement de l'organisation accroît l'influence.		
Stratégies	Augmenter ton influence 😇		Saper l'influence de ta cible 😈
Actions	Envoie des notes, des rapports ou des informations pertinentes.		Dénigre les notes, rapports et informations qu'elle envoie.
	Fournis des services et des informations à d'autres unités.		Empêche-la de fournir des services ou informations.
	Obtiens avant tout le monde les informations fiables et exclusives.		Bloque-lui l'accès aux informations fiables et exclusives.
	Deviens indispensable en délivrant de manière régulière des informations pertinentes et critiques.		Dénigre-la comme source d'informations.
	Offre de prendre la responsabilité de produire et transmettre de l'information formelle.		Dénigre sa capacité à produire et transmettre de l'information formelle.

Les actions pour modifier l'intensité des influences

réseau relationnel			
Levier	Un poste qui permet d'être en relation avec plusieurs acteurs différents au sein et hors de l'organisation et son écosystème est un atout.		
Stratégies	Augmenter ton influence ☺		Saper l'influence de ta cible 😈
Actions	Elargis ton réseau interne vis-à-vis des dirigeants et des actionnaires.		Bloque ou limite-lui l'accès aux dirigeants et actionnaires.
	Mets en avant ton appartenance à des réseaux sociaux (les anciens d'une école, membre d'un club, d'une religion, d'une nationalité, d'une famille,...).		Dévalorise les réseaux auxquels elle appartient et pas toi.
			Marginalise-la systématiquement.
	Augmente ta position centrale et ton attractivité dans les différents réseaux.		Discrédite-la auprès des autres.
	Deviens un coordinateur interne et un représentant externe.		Empêche-la d'accéder ou fais-la rejeter des réseaux qui comptent.
	Fais-toi accepter dans les réseaux qui comptent.		Court-circuite-la et rends-toi-même ces services.
	Rends des services pour qu'on te soit redevable.		

Les actions pour modifier l'intensité des influences

ancienneté

Levier	Le nombre d'années d'expérience dans un poste, dans une organisation et/ou dans un domaine d'activités accroît l'influence.
Stratégies	Augmenter ton influence ☺ — Saper l'influence de ta cible 😈
Actions	Il n'y a rien à faire que d'attendre que le temps passe.

personnalité

	Augmenter ton influence ☺	Saper l'influence de ta cible 😈
Levier	La possession de qualités personnelles valorisées par l'organisation accroît l'influence.	
Stratégies	Augmenter ton influence ☺	Saper l'influence de ta cible 😈
Actions	Travaille sur toi-même seul ou avec un coach sur les traits de personnalités importants pour l'organisation.	Détecte et mets en évidence ses faiblesses et ses failles pour les traits de personnalité importants pour l'organisation.

compétences managériales

	Augmenter ton influence ☺	Saper l'influence de ta cible 😈
Levier	La maîtrise de compétences nécessaires au management des gens et des activités accroît l'influence.	
Stratégies	Augmenter ton influence ☺	Saper l'influence de ta cible 😈
Actions	Forme-toi seul, avec un professeur ou un mentor pour acquérir les techniques en management. Profite de toutes les occasions possibles pour les exercer.	Décourage-la à se former. Fais tout pour lui empêcher d'avoir des occasions de pouvoir manager.

Les actions pour modifier l'intensité des influences

expertise		
Levier	La maîtrise de compétences et connaissances techniques propres à l'organisation ou à un secteur d'activité accroît l'influence.	
Stratégies	Augmenter ton influence ☺	Saper l'influence de ta cible 😈
Actions	Développe tes connaissances et tes compétences dans une expertise nécessaire et rare pour l'entreprise. Travaille les liens avec les domaines connexes. Sois à l'affût de toute les nouvelles expertises et vois comment la valoriser pour toi et te différencier des autres. Sois la personne qui «forme» et renforce les expertises des «nouveaux». Sois irremplaçable.	Favorise un changement de technologie ou de système de gestion qui rende obsolète son expertise. Encourage-la à se sur-spécialiser dans des domaines matures. Encourage d'autres à acquérir ses expertises.

Les actions pour modifier l'intensité des influences

maîtrise des processus organisationnels		
Levier	La connaissance et la maîtrise des différents processus organisationnels (planification, règles RH, processus budgétaire) accroissent l'influence	
Stratégies	Augmenter ton influence 😇	Saper l'influence de ta cible 😈
Actions	Forme-toi et deviens un expert d'un ou plusieurs processus. Deviens le garant et celui qui définit ou adapte les processus, et fais en sorte qu'ils te conviennent mieux et qu'ils t'avantagent. Autorise-toi à jouer avec les règles (le fond avant la forme).	Fais mettre en évidence par des reportings ou des audits qu'elle ne respecte pas les processus. Fais en sorte que les nouveaux processus l'handicapent ou la surchargent. Dénonce toute déviation par rapport à un respect strict des règles (la forme avant le fond).

Les actions pour modifier l'intensité des influences

performance			
Levier	L'atteinte des objectifs de performance dans le respect des délais et des ressources allouées accroît l'influence.		
Stratégies	Augmenter ton influence 😇		Saper l'influence de ta cible 😈
Actions	Travaille plus et plus fort uniquement sur les types de performance valorisés par l'organisation.		Encourage-la à s'engager sur des types de performances accessoires. Mets systématiquement des bâtons dans les roues de ta cible.
	Fais en sorte de faire définir des critères de performance qui t'avantagent.		Fais en sorte de faire définir des critères de performance qui la désavantagent.
	Fais le marketing systématique de tes performances et n'hésite jamais à imputer tes contre-performances à d'autres ou à l'environnement.		Mets en lumière ses contre-performances et minimise ses succès en arguant de la chance.
	Effectue des tâches faciles mais importantes.		Fais-lui faire des tâches complexes et secondaires.

information informelle		
Levier	La compréhension des phénomènes sociaux au sein de l'organisation par le biais de son réseau informel accroît l'influence.	
Stratégies	Augmenter ton influence 😇	Saper l'influence de ta cible 😈
Actions	Sois curieux de tout et de tous.	Désinforme-la.
	Mets en place des capteurs partout.	Bloque-lui l'accès aux informations.
	Sois une source d'information pour les autres.	Discrédite les informations dont elle est la source.

Les actions pour modifier l'intensité des influences

crédibilité relationnelle

Levier	La crédibilité professionnelle auprès des acteurs clés de l'organisation accroît l'influence	
Stratégies	Augmenter ton influence 😇	Saper l'influence de ta cible 😈
Actions	Dis ce que tu fais et fais ce que tu dis. Fais un marketing intensif de ta personne en interne et en externe. Associe ton image à des personnes, experts ou sociétés bien connues et à des réussites. Construis activement ton image.	Décrédibilise-la à chaque occasion qui se présente. Mets en évidence ses faiblesses et manquements. Associe son image à des personnes, experts ou sociétés peu recommandables et à des ratages. Détruis activement son image.

6. Application des stratégies 3 et 4

Jessica reprend ses évaluations des grilles d'analyse n°12 à 18 et applique les stratégies 3 et 4.

Stratégie 3

Jessica	Intensité d'influence	Haute	information formelle	position hiérarchique, espaces décisionnels, punition et récompense, réseau relationnel, personnalité, ↑ stratégie 3
		Basse	performance, compétences managériales, expertise, crédibilité relationnelle, maîtrise des processus organisationnels	taille et rôle de l'unité, ancienneté, information informelle
			Basse	Haute
			Valorisation des sources d'influence	
			CODIR de Mikro	

Stratégie 4

Jason	Intensité d'influence	Haute	information formelle, compétences managériales, crédibilité relationnelle, maîtrise des processus organisationnels	position hiérarchique, taille et rôle de l'unité, espaces décisionnels, punition et récompense, réseau relationnel, ancienneté, information informaelle
		Basse	performance, expertise	stratégie 4 ↓ personnalité
			Basse	Haute
			Valorisation des sources d'influence	
			CODIR de Mikro	

Sélection et décision: Jessica décide donner plus de poids à son département.

Elle choisit ainsi d'augmenter son influence et se centre sur la source d'influence «Taille et rôle de l'unité ».

Pour réduire l'importance de Jason, c'est également « Taille et rôle de l'unité », qu'elle choisit.

En procédant de manière simultanée sur cette dimension, Jessica compte sur la multiplication des effets.

7. Les stratégies 5 et 6

Stratégie 5

Agir de manière que le groupe considère davantage les sources d'influence pour lesquelles ton influence est élevée. Mais pour autant que l'intensité d'influence de ta cible ne soit pas également haute, sinon ce serait augmenter simultanément ton pouvoir et celui de ta cible.

Stratégie 5

Toi	Intensité d'influence	Haute	→ stratégie 5
		Basse	
		Basse	Haute
		Valorisation des sources d'influence	
		Groupe	

Stratégie 6

	Stratégies	Sources d'influence	Actions / Messages
3	Augmenter ton intensité d'influence	Taille et rôle de l'unité	M'impliquer uniquement dans les activités à fort potentiel de croissance ou chères à Michael.
4	Intensité de ta cible à réduire	Taille et rôle de l'unité	Obtenir le transfert d'une partie du budget actuellement alloué à la production.

Saper les sources d'influence pour lesquelles ta cible se distingue par l'intensité de son influence. Mais pour autant que ton intensité ne soit pas également haute, sinon ce serait diminuer simultanément le pouvoir de ta cible mais aussi le tien.

Stratégie 6

Toi	Intensité d'influence	Haute	stratégie 6 ⇐	
		Basse		
			Basse	Haute
			Valorisation des sources d'influence	
			Groupe	

8. Application des stratégies 5 et 6

Jessica considère ensuite les stratégies 5 et 6 : elle élimine les sources d'influence qui se retrouvent simultanément dans les cadrans 1 et I, puis 2 et II.

Stratégie 5

Jessica	Intensité d'influence	Haute	~~information formelle~~ ① → stratégie 5	~~position hiérarchique, espaces décisionnels, punition et récompense, réseau relationnel,~~ personnalité ②
		Basse	performance, compétences managériales, expertise, crédibilité relationnelle, maîtrise des processus organisationnels	taille et rôle de l'unité, ancienneté, information informelle
			Basse	Haute
			Valorisation des sources d'influence	
			CODIR de Mikro	

Stratégie 6

Jason	Intensité d'influence	Haute	~~information formelle, compétences managériales,~~ crédibilité relationnelle, maîtrise des processus organisationnel I ← stratégie 6	~~position hiérarchique,~~ taille et rôle de l'unité, ~~espaces décisionnels, punition et récompense, réseau relationnel,~~ ancienneté, information informaelle II
		Basse	performance, expertise	personnalité
			Basse	Haute
			Valorisation des sources d'influence	
			CODIR de Mikro	

Parmi toutes les sources d'influence non tracées des zones 1 et II sélectionne à chaque fois celle qui te semble la plus facile à mettre en oeuvre selon les axes d'actions pour modifier la valorisation des sources d'influence par le groupe décrites ci-dessus.

Son action est claire.

Stratégies	Sources d'influence	Actions / Messages
5 A promouvoir à chaque occasion possible au sein du groupe	Néant	Néant
6 A saper à chaque occasion possible au sein du groupe	Ancienneté	C'est être en déphasage avec les nouvelles réalités du marché et les nouvelles technologies.

Il n'y a rien à promouvoir au sein du groupe.

Par contre il est évident quelle stratégie de sape choisir: c'est l'«Ancienneté». Elle veut en finir avec la condescendance de Jason vis-à-vis de la «jeunette».

Complète tes grilles d'analyse.

9. Evaluation du degré d'acceptation des sources d'influence

Maintenant, il s'agit d'évaluer respectivement vos degrés d'acceptation pour les sources d'influence.

Jessica fait l'exercice pour elle-même et Jason[*]

Sources d'influence	Intensité d'influence	Degré d'acceptation	Intensité d'influence	Degré d'acceptation
	Jessica		Jason	
position hiérarchique	3	3	3	3
taille et rôle de l'unité	2	1	4	4
espaces décisionnels	3	3	3	2
punition et récompense	4	2	4	4
information formelle	4	3	4	2
réseau relationnel	3	2	4	4
ancienneté	0	1	4	4
personnalité	3	4	2	2
compétences managériales	2	4	3	3
expertise	2	4	2	3
maîtrise des processus organisationnels	2	3	4	2
performance	1	4	2	3
information informelle	1	4	3	4
crédibilité relationnelle	2	4	4	3

[*] Echelle: très forte = 5 / forte = 4 / moyenne = 3 / faible = 2 / très faible = 1 / nulle = 0

10. Les stratégies 7 et 8

Il est temps d'introduire à ce stade les effets d'une action sur le degré d'acceptation d'une source d'influence, et comment cela te permet d'augmenter ton pouvoir. Les stratégies 7 et 8 décrivent les mouvements les plus faciles à mettre en oeuvre.

Stratégie 7

Faire en sorte que ta cible souscrive davantage aux sources d'influence pour lesquelles tu t'es attribué un niveau élevé.

Stratégie 8

Augmenter la portée de ton action sur les sources d'influence pour lesquelles ta cible est très favorablement disposée.

11. Comment renforcer l'acceptation qu'autrui éprouve face à une source d'influence

Tu liras ci-dessous 4 actions types que tu peux utiliser et sur les pages suivantes les messages s'y rattachant:

- Le forcer en usant d'intimidation
- Le persuader à la suite d'un marchandage
- Le convaincre grâce à la pertinence de son argumentation
- Inspirer et gagner autrui à la «cause», l'enrôler.

Pas de panique
Prends chaque tableau
l'un après l'autre

Stratégies	Les messages à la cible pour qu'elle soit favorable à ton égard et plus précisément à la source d'influence élevée que tu démontres
l'intimidation 😈	Si vous n'accordez pas plus d'importance à mon point de vue (mon niveau dans source d'influence x) vous le regretterez / vous causerez des problèmes à d'autres. Je vous mettrais la pression tant que vous n'accorderez pas plus d'importance à ce point précis (mon niveau dans source d'influence X)
le marchandage	J'envisage ou je suis prêt à intervenir en votre faveur si vous accordez plus d'importance à mon avis en la matière (mon niveau dans source d'influence x). Je vous rappelle que j'ai agi en votre faveur et qu'il m'est toujours possible d'interrompre cette action à moins que vous accordiez plus d'importance un point précis.

Stratégies 7 et 8

Toi	Intensité d'influence	Haute	stratégie 7 →	↑ stratégie 8
		Basse		
			Basse	Haute
			Intensité d'acceptation	
			La cible	

Stratégies	Les messages à la cible pour qu'elle soit favorable à ton égard et plus précisément à la source d'influence élevée que tu démontres
la persuasion	J'attends que vous accordiez plus d'importance à Z (niveau de mon influence selon la source X) parce que c'est juste / important / cohérent / bon / fondé / nécessaire, parce que c'est bon pour vous / nous. J'ai besoin que vous m'aidiez / concrétisiez votre engagement en accordant plus d'importance à mes influences selon la source X. Nous sommes alliés dans cette situation : Je vous demande d'accorder plus d'importance à Z (mes influences selon la source X). Le groupe a besoin de votre soutien / la performance d'ensemble sera améliorée.
l'enrôlement	Imaginez que vous puissiez obtenir un résultat tel que nous n'ayons plus à débattre de la situation actuelle. Quel serait votre nouvelle marge de manoeuvre ? Au vu de cette option très favorable, comment pourrions-nous envisager maintenant d'opérer ?

12. Les stratégies 9 et 10

Stratégie 9

T'immuniser contre les sources d'influence sur lesquelles ta cible est très efficace.

Stratégie 10

Réduire l'impact de ta cible sur les sources d'influence avec lesquelles tu es favorablement aligné.

Stratégies 9 et 10

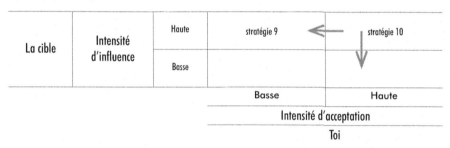

13. Comment t'immuniser contre certaines sources d'influence?

Nous te proposons trois types de comportement:

- Exprimer un refus catégorique sans donner de justification. Ne rien communiquer proactivement (ou ne le faire qu'en toute dernière nécessité)
- Recourir à la raison, c'est-à-dire rappeler à l'autre de revisiter le sujet en faisant appel à la raison
- Appeler aux valeurs supérieures, c'est-à-dire invoquer des raisons autres, stratégiques et/ou relevant des instances supérieures ou contraires à tes propres valeurs.

Ci-dessous quelques exemples d'actions possibles:

Stratégies	Les axes d'actions pour réduire ton intensité d'acceptation
le refus unilatéral 😈	Sans explication, tu refuses d'accepter une quelconque influence (quand c'est possible et acceptable) ou alors tu réduis l'importance que tu accordes aux influences selon la source X
la raison 😇	Tu expliques la réduction de l'importance que tu accordes aux influences selon la source X par l'impact positif pour le groupe, sur base de faits, suite à un accord.
les intérêts supérieurs 😇😇	Tu justifies la réduction de l'importance que tu accordes aux influences selon la source X parce que c'est incompatible avec tes valeurs.

14. Application des stratégies 7, 8, 9 et 10

Jessica reprend ses évaluations — en son nom et en celui de Jason — et applique la méthode :

Stratégies 7 et 8

Jessica	Intensité d'influence	Haute	information formelle, **personnalité**, maîtrise des processus organisationnels, performance	taille et rôle de l'unité, sanction et récompense, réseau, relationnel
			stratégie 7 →	↑ stratégie 8
		Basse	espaces décisionnels, expertise, crédibilité relationnelle, information informelle	**compétences managériales**, position hiérarchique, ancienneté,
			Basse	Haute
			Intensité d'acceptation	
			Jason	

Stratégies 9 et 10

Jason	Intensité d'influence	Haute	information formelle, **personnalité**, maîtrise des processus organisationnels, performance	Espaces décisionnels, Information formelle, Crédibilité relationnelle, Information informelle
			stratégie 9 ←	↓ stratégie 10
		Basse	Performance	Position hiérarchique, Ancienneté, Personnalité
			Basse	Haute
			Intensité d'acceptation	
			Jessica	

Et elle sélectionne les stratégies pour lesquelles elle détermine les actions suivantes :

Stratégies	Sources d'influence	Actions / Messages
7 Augmenter le taux d'acceptation de ta cible	Personnalité	Ne pas accordez plus d'importance à l'ouverture d'esprit c'est m'empêcher d'oeuvrer efficacement pour Mikro (intimidation)
8 Augmenter l'intensité de ton influence	Compétences managériales	Profiter de toutes les occasions possibles pour créer des alliances
9 Diminuer ton taux d'acceptation	Information informelle	Être beaucoup plus sélective et critique sur les informations informelles
10 Diminuer l'intensité d'influence de ta cible	Information informelle	Être une alternative à Jason en termes de référence pour les collaborateurs

Jessica a relevé deux points critiques.

1. Faire en sorte que Jason soit plus réceptif à la personne qu'elle est en particulier, qu'il ait une plus grande «Ouverture d'esprit».

2. Et elle doit renforcer ses «Compétences managériales» et moins se laisser submerger par le «Informations informelles»

Complète tes grilles d'analyse.

Partie 4:

Mon vade-mecum, la mise en oeuvre vers le pouvoir

1. La feuille de route de Jessica

Jessica fait la synthèse des différentes décisions.

Feuille de route

Augmenter mon pouvoir	Quoi	Convaincre le comité de direction (CODIR) de lancer les nouveaux produits que j'ai conçus et qui vont relancer Mikro. Contourner Jason et son opposition systématique à toute nouveauté.
	Délai	D'ici 6 mois

	Nom	Prénom	Fonction
Cible		Jason	Directeur production

	Objectifs	Stratégies	Sources d'influence	Actions / Messages
	Vivre mieux	1. À Valoriser plus personnellement	Réseau relationnel organisationnel	Me «forcer» à travailler en équipe avec mes collègues du comité de direction.
		2a. À saper à chaque occasion possible au sein du groupe	Ancienneté	La valorisation de l'«Ancienneté» consiste à se complaire dans l'immobilisme
		2b. À promouvoir à chaque occasion possible au sein du groupe	Expertise	La valorisation de l'«Expertise» est indispensable pour créer de la valeur ajoutée, améliorer la performance et se différencier de la concurrence.

Objectifs		Stratégies	Sources d'influence	Actions / Messages
Augmenter ton pouvoir	3.	Augmenter ton intensité d'influence	Espaces décisionnels	M'impliquer uniquement dans les activités à fort potentiel de croissance ou chères à Michael.
	4.	Intensité de ta cible à réduire	Taille et rôle de l'unité	Obtenir le transfert d'une partie du budget actuellement alloué à la production
	5.	À promouvoir à chaque occasion possible au sein du groupe	Néant	Néant
	6.	À saper à chaque occasion possible au sein du groupe	Ancienneté	C'est être en déphasage avec les nouvelles réalités du marché et les nouvelles technologies.
	7.	Augmenter le degré d'acceptation de ta cible	Personnalité	Ne pas accorder plus d'importance à l'ouverture d'esprit c'est m'empêcher d'oeuvrer efficacement pour Mikro (intimidation)
	8.	Augmenter l'intensité de ton influence	Compétences managériales	Profiter de toutes les occasions possibles pour créer des alliances
	9.	Diminuer ton degré d'acceptation	Information informelle	Etre beaucoup plus sélective et critique sur les informations informelles
	10.	Diminuer l'intensité d'influence de ta cible	Crédibilité	Mettre en évidences ses faiblesses par rapport aux défis à venir

2. Les 10 points que tu as retenus et que tu vas appliquer.

Ça y est ! Tu es arrivé au bout.

Durant ce processus il y a des choses qui t'ont surpris ou ont été des révélations. Tu t'es aussi promis de changer ta façon de faire et d'appliquer des nouvelles idées. Tu les as inscrites dans la grille d'analyse n°32. Complète-la.

Tout ceci est un trésor qu'il te faut préserver. Reviens-y de temps en temps.

3. Tu es prêt: Passe à l'action

Tu as maintenant une feuille de route pour devenir puissant. Tu as à la fois la responsabilité et la possibilité de changer ta situation.

La technique du sniper qui consiste à choisir une action et de s'assurer de sa bonne mise en oeuvre prend trop de temps, ce qui est incompatible avec le tempo du monde du travail. Cela revient à tout miser sur une seule option, ce qui est trop risqué dans un monde incertain.

Il te faut mettre en oeuvre toutes les actions simultanément, en rafale et sans perdre de temps, car même si la précision est moins bonne c'est compensé par le nombre et l'effet de surprise.

A toi de passer à l'action de manière déterminée. Prends l'initiative et avance sur tous les fronts simultanément.

Au-delà de la technique que nous venons de t'expliquer, il te faudra être réfléchi, maître de tes émotions, patient, déterminé, stratégique, focalisé, alerte, persévérant, résistant, courageux et prêt à te battre si nécessaire. N'attends jamais ni aide, ni justice, ni gratitude.

Le principal obstacle, c'est toi-même. Il faut oser t'engager dans un conflit. Le fait d'être prêt à se battre est également une source de pouvoir. Il te faudra te relever, parfois enfreindre les règles qui n'ont aucune valeur légale et ne servent qu'à préserver le pouvoir de ceux qui les ont édictées.

Tu dois toujours être avoir confiance en toi et surtout croire en toi.

Fonce!

4. Réévalue la situation régulièrement

Si obtenir le pouvoir peut être un travail difficile, c'est également le cas pour le conserver.

Régulièrement il te faudra réévaluer ton pouvoir en fonction des impacts de tes actions mais également des évolutions qui se seront produites par ailleurs: départ ou arrivée de membre de l'équipe, nouvelle organisation, changement de culture, etc.

Et tu pourras te refixer de nouveaux objectif, à savoir dépasser l'un après l'autre ceux qui sont devant toi ou bien pour dézinguer ceux dont la présence te coûte du pouvoir ou simplement t'exaspère. Il te revient de tracer ta route et de définir tes objectifs les plus en accord avec ton style de vie, tes valeurs et tes rêves.

Et n'oublie pas les 5 règles d'or pour gagner et conserver le pouvoir:

Oser et déterminer l'objectif

Viser la réussite

Garder toujours une approche rationnelle

Rester constamment focalisé sur l'objectif

Agir sans états d'âme en toutes circonstances en alignement avec ton système de référence.

Nous te souhaitons plein succès dans tes réalisations!

5. Bien sûr chacun est différent, mais si tu te sens parfois «discriminé»

Si parfois tu te sens discriminé par ton âge, ta culture/statut/classe sociale, ton apparence physique, ton handicap, ton identité/expression de genre, ton état civil, ta nationalité, ta couleur/race/ethnicité, ta religion, ton sexe, tes orientations sexuelles, ou autres, nous te disons que quelle que soit ton expérience, l'approche présentée fonctionnera aussi pour toi. En effet les mécanismes du pouvoir sont universels et la méthode s'appliquera aussi pour toi.

En obtenant plus de pouvoir, tu pourras réaliser tes ambitions. Tu auras même l'occasion de casser les stéréotypes et réduire les discriminations, si tu désires t'engager sur ce chemin.

6. Six mois plus tard...

Jessica s'arrête de parler. Il y a un grand silence. Elle regarde confiante et souriante tous ses collègues qui demeurent immobiles.

«C'est intelligent, concret et réaliste. Tu es vraiment convaincante. Et même si cela m'étonne moi-même, tu as raison! L'équipe de David n'a plus de raison d'être sous ma responsabilité. Elle doit t'être rattachée».

Jessica est soulagée par la remarque de Jason. Elle le remercie et souligne son sens du business et son ouverture d'esprit. Il s'ensuit un débat intense qui se conclut par l'acceptation du plan.

A la sortie du Comité de Direction, Michael prend Jessica en aparté: «Je suis très heureux et satisfait que vous fassiez partie de l'équipe. Vous vous êtes très bien intégrée à ce groupe de dinosaures. Ce n'était pas évident. Et vous avez réussi à vous imposer sans heurts. Vous avez même réussi à prendre l'ascendant sur Jason et il l'accepte. Impressionnant».

Jessica est sur un petit nuage et ne sait pas que répondre. Michael cligne de l'oeil et rajoute «Il faut que je fasse attention à moi». Jessica sursaute puis sourit à la remarque.

De retour à sa place de travail, Jessica, respire un grand coup, prend un stylo et ouvre son livre «A toi le pouvoir, pour de vrai».

La nouvelle cible en vaut la peine.

C'est la dernière étape avant le sommet.

 Tu as aussi un nouvel objectif. Rien de plus simple, fais toi une nouvelle copie des grilles d'analyse et fonce.

7. Aller plus au fond des choses.

Aller plus loin et passer d'une analyse statique focalisée sur une partie des individus à une analyse dynamique très fine de l'ensemble du groupe auquel tu appartiens. Une analyse avec www.prim.ch te permettra de déterminer :

- Le rang de chacun en termes de pouvoir complet, organisationnel et individuel

- Les actions les plus efficaces pour augmenter au maximum ton pouvoir et si possible ton rang. Et déterminer précisément les individus que tu pourras ou ne pourras pas dépasser.

- Les actions les plus efficaces pour supprimer tes déséquilibres entre pouvoirs organisationnel et individuel

- Tes alliés (les individus dont la présence te donne plus de pouvoir) et tes opposants (les individus dont la présence réduit ton pouvoir)

- Les individus qui sont susceptibles de te dépasser et via quelles actions.

- La personne sur laquelle une augmentation de ton influence te permettra le plus facilement de gagner des rangs

Et en plus tu pourras simuler les impacts d'événements comme l'arrivée ou le départ d'individus, une réorganisation voire une restructuration, une nouvelle culture d'entreprise suite à un rachat ou une fusion, une évolution technologique... toutes choses qui changent significativement la répartition du pouvoir au sein de l'équipe. Dans chaque changement il y a des gagnants et des perdants en termes de pouvoir. Sois parmi les gagnants en prenant les bonnes options pour préserver ou mieux améliorer ta position.

8. Glossaire

Influence   Mesure de la «force» qui s'exerce entre un individu et un autre. C'est une notion liée au rapport de force entre deux individus. C'est une mesure locale.

Pouvoir   Résultante de toutes les influences. C'est une notion liée à un individu dans un groupe. C'est une mesure globale. Dans notre modèle on définit le pouvoir d'un individu comme la somme des influences qu'il émet directement et indirectement moins la somme des influences qu'il reçoit directement ou indirectement. Le pouvoir d'un individu c'est la résultante nette de toutes les influences de cet individu avec tous les autres membres du groupe.

Autorité   Pouvoir provenant uniquement des influences organisationnelles. En d'autres mots, c'est le pouvoir attaché à une fonction, sans considération des caractéristiques individuelles de celui qui occupe la fonction.

Politique   Exercice ou l'utilisation du pouvoir. Elle doit se baser sur les actions les plus efficaces pour augmenter son pouvoir.

Puissance   Mesure de l'exercice du pouvoir.

Les auteurs

Forts de leurs expertises et expériences, Serge Reymond et Geneviève Bauhofer ont voulu offrir à tous ceux qui veulent faire carrière, un traité pratique, très accessible et à usage immédiat, qui leur permettent d'augmenter très rapidement leur pouvoir, de neutraliser et d'éliminer les influences qui les freinent ou les bloquent. Et ainsi vivre mieux dans le monde professionnel, s'accomplir pleinement et réaliser des choses exceptionnelles.

Serge Reymond

Il a fait des études de mathématiques qu'il a complétées par un MBA. Il a une longue expérience de la direction d'entreprise au sein des groupes Swatch, Lagardère et TX Group. Ses domaines d'expertise sont la dynamisation commerciale et des organisation ainsi que la gestion du changement.

Geneviève Bauhofer

Elle a fait des études en Sciences Economiques, Sociales et Politiques. Elle a une riche expérience stratégique, commerciale et marketing au sein d'IBM EMEA et comme consultante et Executive Mentor. Ses domaines d'expertise sont la transformation de la culture d'entreprise et la création de synergies porteuses pour des individus ou des organisations, en Suisse et à l'étranger.

Tous les deux allient un fort esprit d'entreprise, une rigueur dans la mise en oeuvre et un goût marqué pour l'humain.

Table des matières

Pourquoi nous avons écrit ce traité?	5
Préliminaires: Débroussaillage des idées reçues	15
Partie 1: Déterminer l'objectif	25
Partie 2: L'alignement entre ton système de référence et celui du groupe	39
Partie 3: Les axes d'actions pour augmenter ton pouvoir	71
Partie 4: Mon vade-mecum, la mise en oeuvre vers le pouvoir	111
Annexe: Grilles d'analyse	127

Annexe:

Grilles d'analyse

 Tu peux également télécharger gratuitement ces grilles d'analyse sous: www.powermatrix.ch/grilles_d_analyse/

Grille d'analyse n°1

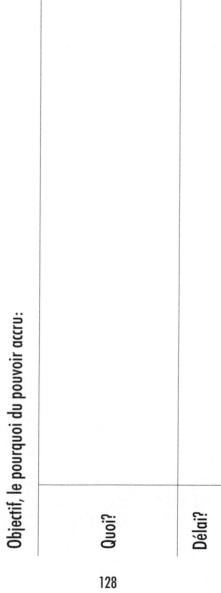

© powermatrix Sàrl

Grille d'analyse n°2

Nom et prénom	Fonction	Rang en termes de pouvoir de 1 = plus élevé à 10 = le plus bas
		1
		2
		3
		4
		5
		6
		7
		8
		9
		10

Grille d'analyse n°3

Sources d'influence	Explications	Ta Valorisation
position hiérarchique	L'obtention d'une position hiérarchique plus élevée accroît l'influence d'un individu.	
taille et rôle de l'unité	La taille et/ou le rôle d'une unité a un impact sur l'influence accordée à l'individu qui la dirige.	
espaces décisionnels	La participation à des groupes de travail, des groupes de projet et/ou des comités de pilotage accroît l'influence d'un individu.	
punition et récompense	La possibilité de récompenser et/ou sanctionner les collaborateurs est un indicateur de l'influence d'un individu	
information formelle	L'accès à, la possession et/ou la transmission d'informations nécessaires au fonctionnement de l'organisation qualifient l'influence d'un individu.	
réseau relationnel	Occuper un poste qui requiert d'interagir avec une diversité d'acteurs au sein de l'organisation et de son écosystème démultiplie l'influence d'un individu.	
ancienneté	Le nombre d'années d'expérience dans un poste, dans une organisation et/ou dans un domaine d'activités prouve l'influence d'un individu.	
Les sources organisationnelles	Total (= A)	

Grille d'analyse n°4

Sources d'influence	Explications	Ta Valorisation
personnalité	La démonstration de qualités personnelles valorisées par l'organisation accroît l'influence d'un individu.	
performance	L'atteinte des objectifs de performance dans le respect des délais et des ressources allouées amplifie l'influence d'un individu.	
compétences managériales	L'atteinte des objectifs de performance dans le respect des délais et des ressources allouées amplifie l'influence d'un individu.	
expertise	La maîtrise de compétences et connaissances techniques propres à l'organisation ou à un secteur d'activité valide l'influence d'un individu.	
information informelle	La compréhension des phénomènes sociaux au sein de l'organisation grâce à la culture d'un réseau informel rehausse l'influence d'un individu.	
crédibilité relationnelle	La crédibilité professionnelle auprès des acteurs clés de l'organisation intensifie l'influence d'un individu	
maîtrise des processus organisationnels	La connaissance et la maîtrise des différents processus organisationnels renforcent l'influence d'un individu.	
Les sources individuelles	Total (= B)	

Grille d'analyse n°5

Valorisation des sources d'influences organisationnelles	A
Valorisation des sources d'influences individuelles	B
Ton index de systèmes de référence	$\dfrac{A}{A+B}$

Grille d'analyse n°6

Sources d'influence	Explications	Valorisation du groupe
position hiérarchique	L'obtention d'une position hiérarchique plus élevée accroît l'influence d'un individu.	
taille et rôle de l'unité	La taille et/ou le rôle d'une unité a un impact sur l'influence accordée à l'individu qui la dirige.	
espaces décisionnels	La participation à des groupes de travail, des groupes de projet et/ou des comités de pilotage accroît l'influence d'un individu.	
punition et récompense	La possibilité de récompenser et/ou sanctionner les collaborateurs est un indicateur de l'influence d'un individu	
information formelle	L'accès à, la possession et/ou la transmission d'informations nécessaires au fonctionnement de l'organisation qualifient l'influence d'un individu.	
réseau relationnel	Occuper un poste qui requiert d'interagir avec une diversité d'acteurs au sein de l'organisation et de son écosystème démultiplie l'influence d'un individu.	
ancienneté	Le nombre d'années d'expérience dans un poste, dans une organisation et/ou dans un domaine d'activités prouve l'influence d'un individu.	
Les sources organisationnelles	Total (= A)	

Grille d'analyse n°7

Sources d'influence	Explications	Valorisation du groupe
personnalité	La démonstration de qualités personnelles valorisées par l'organisation accroît l'influence d'un individu.	
performance	L'atteinte des objectifs de performance dans le respect des délais et des ressources allouées amplifie l'influence d'un individu.	
compétences managériales	L'atteinte des objectifs de performance dans le respect des délais et des ressources allouées amplifie l'influence d'un individu.	
expertise	La maîtrise de compétences et connaissances techniques propres à l'organisation ou à un secteur d'activité valide l'influence d'un individu.	
information informelle	La compréhension des phénomènes sociaux au sein de l'organisation grâce à la culture d'un réseau informel rehausse l'influence d'un individu.	
crédibilité relationnelle	La crédibilité professionnelle auprès des acteurs clés de l'organisation intensifie l'influence d'un individu	
maîtrise des processus organisationnels	La connaissance et la maîtrise des différents processus organisationnels renforcent l'influence d'un individu.	
Les sources individuelles	Total (= B)	

© powermatrix Sàrl

Grille d'analyse n°8

Valorisation des sources d'influence organisationnelles	A
Valorisation des sources d'influence individuelles	B
Index de systèmes de référence du groupe	$\dfrac{A}{A+B}$

Grille d'analyse n°9

Index de référence | Ecart | Diagnostic

Grille d'analyse n°10

Stratégies 1, 2a et 2b

Toi — Valorisation des sources d'influence : Haute / Basse

Groupe — Valorisation des sources d'influence : Basse / Haute

137 © powermatrix Sàrl

Grille d'analyse n°11

Stratégies	Sources d'influence	Actions/Messages
1 A valoriser plus personnellement		
2a A promouvoir à chaque occasion possible au sein du groupe		
2b A saper à chaque occasion possible au sein du groupe		

Grille d'analyse n°12

Sources d'influence	Valorisation	Explications	Toi	Ta Cible
position hiérarchique		Indique ton niveau hiérarchique et celui de ta cible dans le groupe • Niveau le plus élevé = 4 • 2ème Niveau = 3 • 3ème Niveau = 2 • 4ème Niveau = 1 • Niveau le plus bas = 0		
taille et rôle de l'unité		Indique l'importance de l'activité/l'équipe que toi et ta cible dirigez • Très importante = 4 • Importante = 3 • Secondaire = 2 • Très secondaire = 1 • Pas importante = 0		

Grille d'analyse n°13

Sources d'influence	Valorisation	Explications	Toi	Ta Cible
espaces décisionnels		Pour chacun des espaces décisionnels aux quels toi ou ta cible participez, compte 1 point. • • • • Exemples: Comité de direction, comités de pilotage, groupe de projets, comités, ...		
punition et récompense		Indique si toi et ta cible vous pouvez sanctionner et récompenser, octroyer des promotions, accorder des gratifications financières, sanctionner des comportements, évaluer la performance, ... • Possible = 4 • Pas possible = 0		

Grille d'analyse n°14

Sources d'influence	Valorisation	Explications	Toi	Ta Cible
information formelle		Indique qui de toi et de ta cible produit des informations importantes pour le fonctionnement de l'organisation ou qui en contrôle le flux de transmission • Oui = 4 • Non = 0		
réseau relationnel		Liste les 4 groupes de personnes les plus importantes au sein de l'entreprise. Et pour chaque groupe de personnes avec lesquelles toi ou ta cible avez des relations directes compte 1 point : • • • • Exemples: Décideurs, pairs, collaborateurs, partenaires internes, clients, fournisseurs, …		

Grille d'analyse n°15

Sources d'influence	Valorisation	Explications	Toi	Ta Cible
ancienneté		Si tu as plus d'années d'expériences dans la fonction, dans l'entreprise ou dans le domaine d'expertise que ta cible alors attribue-toi 4 points et 0 à ta cible. Sinon attribue-toi 0 point et 4 à ta cible		
personnalité		Liste les 4 traits de personnalité les plus importants au sein de l'entreprise et pour chaque trait de personnalité que toi ou ta cible avez, compte 1 point: • • • • Exemples: Charisme, exemplarité, motivation, ambition professionnelle, ouverture d'esprit, ...		

© powermatrix Sàrl

Grille d'analyse n°16

Sources d'influence	Valorisation	Explications	Toi	Ta Cible
performance		Liste les 4 performances les plus importantes au sein de l'entreprise. Et pour chaque performance que toi ou ta cible réalisez compte 1 point: • • • • Exemples: Atteindre les objectifs attendus, contribuer directement aux résultats de l'organisation, respecter les délais et les budgets, générer des profits et/ou des économies dans ses activités, …		
compétences managériales		Liste les 4 compétences managériales les plus importantes au sein de l'entreprise. Et pour chaque compétence que toi ou ta cible avez compte 1 point: • • • • Exemples: Gérer les changements, encadrer ses collaborateurs, imposer son point de vue, développer, gérer les conflits, …		

Grille d'analyse n°17

Sources d'influence	Valorisation	Explications	Toi	Ta Cible
expertise		Liste les 4 expertises les plus importantes au sein de l'entreprise. Et pour chaque expertise que toi ou ta cible avez compte 1 point: • • • • Exemples: techniques (métier) propres à son secteur d'activité, enjeux financiers,….		
information informelle		Liste les 4 actions les plus importantes au sein de l'entreprise. Et pour chaque action que toi ou ta cible maîtrisez compte 1 point: • • • • Exemples: Infirmer/confirmer une rumeur, obtenir de l'information en amont de l'information officielle, connaître le climat de l'organisation, comprendre la portée d'un événement		

© powermatrix Sàrl

Grille d'analyse n°18

Sources d'influence	Valorisation	Explications	Toi	Ta Cible
maîtrise des processus organisationnels		Liste les 4 processus organisationnels les plus importants au sein de l'entreprise. Et pour chaque processus organisationnel que toi ou ta cible maîtrisez compte 1 point: • • • • Exemples: Cycle de planification budgétaire, règles budgétaires et financières, règles de gestion des ressources humaines, validation des décisions,...		
crédibilité relationnelle		Liste les 4 groupes d'interlocuteurs les plus importants au sein de l'entreprise. Et pour chaque groupe d'interlocuteurs pour lesquels toi ou ta cible êtes crédibles compte 1 point: • • • • Exemples: Décideurs, pairs, collaborateurs, partenaires internes, clients, fournisseurs, groupes d'intérêts,...		

© powermatrix Sàrl

Grille d'analyse n°19

Stratégie 3

	Intensité d'influence	Haute	Valorisation des sources d'influence	Haute
Toi		Basse		Basse
			Groupe	

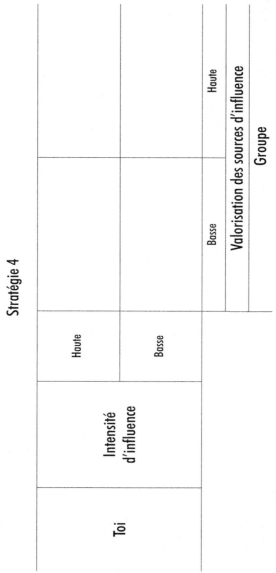

Grille d'analyse n°21

Stratégies	Sources d'influence	Actions / Messages
3 Augmenter ton intensité d'influence		
4 Intensité de ta cible à réduire		

Grille d'analyse n°22

Stratégie 5

	Intensité d'influence		Valorisation des sources d'influence	
	Haute	Basse	Basse	Haute
Toi		①		②

Groupe

Grille d'analyse n°23

Stratégie 6

	Intensité d'influence		Valorisation des sources d'influence	
Toi	Haute	Basse	Basse	Haute
		(−)		(=)

Groupe

© powermatrix Sàrl

Grille d'analyse n°24

Stratégies	Sources d'influence	Actions / Messages
5 A promouvoir à chaque occasion possible au sein du groupe		
6 A saper à chaque occasion possible au sein du groupe		

Grille d'analyse n°25

Sources d'influence	Intensité d'influence	Degré d'acceptation	Intensité d'influence	Degré d'acceptation
position hiérarchique				
taille et rôle de l'unité				
espaces décisionnels				
sanction et récompense				
information formelle				
réseau relationnel				
ancienneté				
personnalité				
compétence managériales				
expertise				
maîtrise des processus organisationnels				
performance				
information informelle				
crédibilité relationnelle				

Grille d'analyse n°26

Stratégies 7 et 8

Toi — Intensité d'influence — Haute / Basse

La Cible — Intensité d'acceptation — Haute / Basse

Grille d'analyse n°27

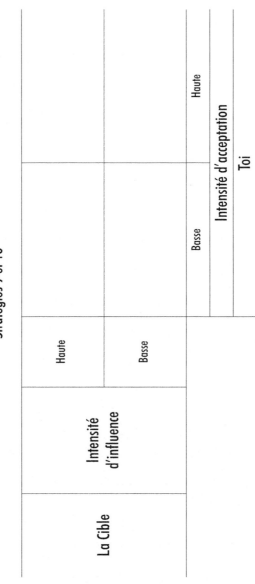

Grille d'analyse n°28

Feuille de route

Augmenter mon pouvoir	Quoi	Délai

Cible	Nom	Prénom	Fonction

© powermatrix Sàrl

Grille d'analyse n°29

Objectifs	Stratégies	Sources d'influence	Actions
Vivre mieux	1. À Valoriser plus personnellement		
	2a. À saper à chaque occasion possible au sein du groupe		
	2b. À promouvoir à chaque occasion possible au sein du groupe		

Grille d'analyse n°30

Objectifs	Stratégies	Sources d'influence	Actions /
Augmenter ton pouvoir	3. Augmenter ton intensité d'influence		
	4. Intensité de ta cible à réduire		
	5. À promouvoir à chaque occasion possible au sein		

Grille d'analyse n°31

6. À saper à chaque occasion possible au sein du groupe	7. Augmenter le degré d'acceptation de ta cible	8. Augmenter l'intensité de ton influence	9. Diminuer ton degré d'acceptation	10. Diminuer l'intensité d'influence de ta cible

Augmenter ton pouvoir

Grille d'analyse n°32

Les 10 points que j'ai retenus:

1. ....
2. ....
3. ....
4. ....
5. ....
6. ....
7. ....
8. ....
9. ....
10. ....

© powermatrix Sàrl

Printed by Amazon Italia Logistica S.r.l.
Torrazza Piemonte (TO), Italy